W0472254

# LE GUIDE DU PENDULE

JOCELYNE FANGAIN

# LE GUIDE DU PENDULE

J'AI LU

*Collection dirigée*
*par Ahmed Djouder*

*Précédemment paru sous le titre :*
COURS COMPLET DE RADIESTHÉSIE

© 1995 Éditions Librairie de l'Inconnu pour la première édition
© 2000 Éditions Trajectoire

# Avant-Propos

Au cours des siècles passés, la radiesthésie n'a cessé d'intriguer et de passionner l'homme, même si autrefois ce terme était inconnu pour désigner l'art de manipuler le coudrier.

En fait, aussi loin que l'on remonte dans l'histoire de l'humanité, on trouve des traces probantes de l'utilisation de la radiesthésie dans les sépultures antiques de Haute et Basse Égypte, en Mésopotamie ou chez les Celtes, de curieux instruments de captation des ondes émises par tout ce qui est vibratoire.

Loin de la technologie moderne, l'homme antique avait poussé très loin ses connaissances en astronomie, en médecine spagyrique et ayurvédique pour lesquelles cet animal vertical faisait partie intégrante du cosmos, véritable monde vibratoire.

La radiesthésie n'a cessé d'intriguer l'être humain, et avant de commencer véritablement votre apprentissage dans ce domaine, je vais vous dire en deux mots ce qu'est très exactement la radiesthésie et quel domaine elle couvre. La radiesthésie est la « science » de la captation des ondes émises par les êtres vivants, les formes ou les matériaux des objets inanimés, ou encore par l'immatérialité des êtres ou des choses ayant disparu… mais ayant marqué la « mémoire » des objets, des lieux, etc.

La radiesthésie couvre donc différents domaines d'activités allant de la recherche des personnes ou d'objets disparus à celle de minerais, en passant par la détection émise par les formes ou encore celles émises par les trois règnes : le minéral, le végétal et l'animal.

Ainsi, une étude de caractère des humains peut être réalisée, autant qu'un bilan de santé avec l'exacte adaptation des médications adéquates pour « rééquilibrer » les énergies vibratoires et recouvrer la santé ! Mais ce n'est pas là les seuls domaines « d'exploration » de la radiesthésie.

Elle peut aller encore plus loin, et même devenir la concurrente directe de la graphologie avec encore plus de précision !

À partir de l'écriture ou de la signature des sujets diagnostiqués, la radiesthésie permet des études qui peuvent déterminer l'honnêteté des signataires d'un contrat, leur surface financière bien mieux que les renseignements bancaires !... Voire leur capacité de mener à bien vos projets communs par exemple.

Les résultats obtenus par un excellent radiesthésiste sont plus qu'étonnants pour qui a l'honnêteté de vérifier les réponses aux questions que vous aurez posées en interrogeant par l'intermédiaire du pendule votre subconscient ; mais attention, là se trouve en réalité l'écueil de l'exercice de l'art radiesthésique : tout dépend de la manière dont seront formulées les questions. En toute logique, une question mal posée engendrera obligatoirement une réponse fausse !

La radiesthésie est un domaine initiatique sans être une connaissance fermée, secrète et inaccessible. Et contrairement à ceux qui prétendent ou veulent voir en la radiesthésie une science hermétique et seulement réservée à quelques « initiés », je prétends que cet art et cette technique peuvent être, sous certaines conditions, accessibles à tous.

Mais qui dit art, dit obligatoirement don pour le pratiquer comme un professionnel. Mais à côté de cela, chacun peut apprendre le piano et savoir très bien en jouer sans pour autant prétendre rivaliser avec un premier prix de conservatoire ou le divin Mozart !

La radiesthésie permet de développer graduellement certaines de nos facultés mentales. En réalité, notre cerveau est bien plus puissant et plus sophistiqué que tous les ordinateurs modernes et il possède en lui des facultés fantastiques et des possibilités merveilleuses que vous ne soupçonnez même pas aujourd'hui !

Une partie de votre organe pensant appelée « subconscient » connaît toutes les réponses à vos questions, toutes les solutions à vos problèmes, mais comme 99 % des individus de notre époque... vous ne savez pas vous servir de vos possibilités extrasensorielles.

Le pendule, intermédiaire indispensable entre votre subconscient et la matière permet de trouver toutes les réponses à vos préoccupations, de choisir votre destin en parfaite connaissance de cause, de bâtir votre avenir en quelque sorte « intelligemment ».

Nous pouvons tous pratiquer la radiesthésie parce que chacun de nous possède de merveilleux pouvoirs : l'intuition, la transmission de pensée et bien d'autres dons tout aussi étonnants, mais bien peu d'entre nous savent se servir de leurs facultés mentales ; en réalité... à peine 1 % d'entre nous !

La radiesthésie permet effectivement de développer graduellement certaines de nos facultés mentales avec en priorité l'intuition. Il s'agit d'un apprentissage simple, mais régulier auquel vous allez désormais pouvoir vous livrer, et quelques minutes par jour suffisent à vous permettre de maîtriser – vous aussi – la pratique de la radiesthésie.

La règle d'or de la radiesthésie est qu'à chaque question précise, vous avez obligatoirement une réponse précise qui vous est fournie par l'intermédiaire de votre pendule.

Mais attention, la radiesthésie ne doit pas être confondue avec la voyance, qui est un tout autre domaine de la parapsychologie, même si cet intermédiaire qu'est votre pendule semble résoudre – comme par « magie » – tous vos problèmes quotidiens : cela va du choix des aliments qui vous conviennent à la couleur de la robe ou du costume que vous devez porter un jour déterminé, ou le choix d'un médicament pour vous soigner... et bien d'autres questions encore comme la recherche de trésors, etc. La radiesthésie ne doit pas être confondue avec la voyance parce que celle-ci permet de voir dans le futur tandis que la radiesthésie capte les ondes émises d'une quelconque source dans le passé ou le présent, ou permet une extrapolation dans un avenir proche à partir d'éléments présents.

En effet, tout vibre et tout rayonne dans l'univers, au sein des forces électromagnétiques. Toute matière, comme je l'ai évoqué plus haut, d'un des trois règnes – qu'il soit minéral, végétal ou animal – émet des ondes ; car les minerais, les plantes, les animaux ou les cellules du corps humain sont dotés d'une énergie tourbillonnaire vibratoire.

S'agissant du corps humain, il faut noter que nos cellules sont de véritables circuits oscillants, comprenant « self » et « capacité », et peuvent à ce titre émettre et recevoir des ondes pouvant s'accorder sur une fréquence donnée, et donc se mettre en état de « résonance ».

C'est la captation d'abord, puis la différenciation des différentes longueurs d'ondes émises par les objets ou tout ce qui vit autour de nous qui permettent la pratique de l'art radiesthésique.

L'homme est une entité vibratoire, dans un monde vibratoire. L'homme peut donc parfaitement vibrer en harmonie avec les éléments naturels qu'il capte et différencier les minéraux, les végétaux, les animaux et les cellules humaines. L'homme est un émetteur-récepteur cosmique et terrestre tout à la fois.

On peut donc comprendre aisément le phénomène radiesthésique, car non seulement la matière irradie, mais également les formes et les couleurs ; c'est-à-dire l'aspect extérieur des choses... Ce qui permet de les différencier et de les reconnaître.

Vous pouvez donc déterminer par radiesthésie la nature d'un composant et si ce dernier vous convient ou non ; et si celle-là est en harmonie avec vos ondes ou non ; etc.

N'oublions pas que l'esprit aussi est vibratoire : ce qui explique les phénomènes de transmission de pensée ; sachant que tout vibre dans le « conditionné ». Il tombe donc sous le sens que ces ondes puissent être reçues, différenciées, classées, etc., selon une logique toute cartésienne. Ce qui laisse entrevoir de nombreuses possibilités, déjà évoquées plus haut.

Aussi, laissons là, voulez-vous, ce bavardage et commençons à explorer ensemble ce tout nouveau domaine qu'est pour vous la Radiesthésie.

**Oui, il existe maintenant une technique qui vous permet de maîtriser votre santé, votre réussite financière et sentimentale : c'est la radiesthésie !**

# Introduction

## *Que signifie le terme « radiesthésie » ?*

Ce terme provient de l'assemblage de deux racines : l'une latine *radius* qui signifie « rayon » et l'autre grecque *aisthesis* qui signifie « sensation ». Ainsi, le mot de « radiesthésie » correspond-il parfaitement bien à la perception sensorielle d'un « rayonnement ».

« Ce mot désigne la possibilité pour l'être humain de sentir certaines radiations non communément perceptibles par les cinq sens. »

**C'est en quelque sorte, un sixième sens.**

La paternité de ce terme revient à l'Abbé Bouly qui l'a « inventé » à la fin du XIXe siècle. Antérieurement, l'art radiesthésique était pratiqué sous les noms de « rhabdomancie » et de « sourcellerie » (ou art du sourcier).

*Rabdos* voulant dire « baguette », la rhabdomancie était ainsi l'art de découvrir l'emplacement de sources, de trésors, de personnes ou d'objets disparus… grâce à la baguette. Les prêtres s'adonnant à cet art désignaient à l'époque cette pratique sous le nom de « baguette divinatoire ».

Quittons, voulez-vous, l'empirisme ancestral, afin de donner une définition convenant davantage aux recherches de notre époque.

L'acte radiesthésique est l'art d'exprimer par l'intermédiaire de la baguette ou du pendule (sans l'intervention de nos déductions ni de notre mode de pensée) la réponse de notre intuition à une question simple et clairement formulée, matérialisée par un mouvement.

## *Un peu d'histoire...*

Au plus loin que nous remontons dans le temps pour retrouver des traces de la « sourcellerie », nous voyons dans certaines tombes de pharaons des boules de bois enfilées sur leur suspension.

En fait, il n'y a rien d'étonnant à ce que dans cette terre d'élection des mystères que fut l'Égypte antique, l'ébauche de la radiesthésie ait pu naître.

Signalons pour mémoire l'hypothèse de Monsieur de la Bastide sur le « bâton de commandement », objet de forme spéciale se rapprochant d'une baguette ouverte et percée de trous qui aurait permis aux chefs de tribus préhistoriques la recherche d'eau et de cavernes.

En **Chine**, il existe également depuis fort longtemps des « maîtres » spécialisés dans la recherche des failles terrestres.

**La baguette fut l'instrument en vogue au siècle dernier.**

Dans les pays miniers comme l'Autriche par exemple, les prospecteurs arpentaient les terrains avec leur baguette à la main et l'on creusait aux endroits qu'ils indiquaient. Il existe de nombreux témoignages historiques à travers toute l'Europe occidentale sur l'activité de ces sourciers qui étaient capables de donner des indications très précises sur la profondeur et la qualité des eaux souterraines, ou celles concernant des filons métallifères.

Durant des siècles, en France, on n'a jamais construit une maison ni creusé un puits, sans faire venir et consulter le sourcier local (car chaque village en avait un !).

Les sourciers se servaient d'une baguette qui est l'ancêtre du pendule. Cette baguette était une branche de coudrier (ou noisetier dont la branche était fourchue). Le sourcier tenait alors les deux fourches à bout de bras et lorsqu'il passait à la verticale d'une eau souterraine, la baguette se redressait, lui tournant entre les mains !

Chaque sourcier avait sa méthode personnelle. Par exemple, l'Abbé Bouly, de renommée mondiale, tenait compte du « rayon solaire » ; c'est-à-dire qu'il observait l'ombre de la baguette projetée sur le sol par le soleil. Lorsque la baguette se redressait, on creusait à l'endroit exact où elle avait projeté son ombre. Certains autres sourciers utilisaient (et utilisent encore) des baguettes métalliques ou des fanons de baleine.

**Les baguettes avaient d'ailleurs des formes différentes selon chaque pays et les traditions locales.**

Au XVIIe siècle, une querelle battait son plein à propos des sourciers ! Certains supposaient que la baguette était mue par des « forces diaboliques »... À l'époque, un certain jésuite Athanax Kircher prit la défense des sourciers en essayant de démontrer qu'il s'agissait tout simplement d'un phénomène naturel. Les pionniers de la radiesthésie eurent beaucoup à souffrir, à cette époque, de l'incompréhension de leurs concitoyens. À ce propos, citons l'histoire des époux **Beausoleil** :

Lorsque Jean du Châtelet, Baron de Beausoleil, épouse en 1610 Martine de Bertereau, il ignore qu'il lui apporte les plus grandes joies de la vie... mais aussi la misère et la mort.

Jean du Châtelet est un passionné de rhabdomancie. Déjà connu pour sa prospection des mines et ses recherches en minéralogie, il initie sa femme à cette « science » ; très vite, celle-ci s'intéresse aux travaux de son époux et c'est ensemble que les **Beausoleil** se mettent à prospecter les mines et les carrières, la « baguette à la main ».

Leurs recherches ne seront pas infructueuses puisqu'ils découvrent plus de cent cinquante mines en moins de dix années de recherches dans toute la France. Malgré cela, les époux **Beausoleil** ne sont pas riches ; bien au contraire ! Cette prospection leur a coûté leurs derniers écus. C'est alors qu'ils écrivent à **Richelieu** en lui énumérant les services qu'ils ont rendus à l'État.

La liste des carrières découvertes est longue : marbre de Bretagne, turquoise du Quercy, cristal des Pyrénées, plomb argentifère à Foix, etc. Cette énumération fort complète rendait le pouvoir débiteur envers les deux époux. Cela ne fut pas tolérable et en guise de remerciements, le Cardinal de **Richelieu** fit emprisonner les **Beausoleil**.

Accusés de sorcellerie (la France connaissait alors de nombreux procès en sorcellerie, séquelles de l'Inquisition), les époux **Beausoleil** furent vraisemblablement exécutés. Mais leurs découvertes vont susciter en Europe et dans le monde de très nombreux travaux concernant la radiesthésie et ses effets.

Un autre sourcier célèbre et maltraité fut Jacques **Aymar**, originaire du Dauphiné. Jacques **Aymar** connut une grande gloire à Lyon à la fin du

XVII$^{e}$ siècle, en retrouvant les criminels qui avaient assassiné deux négociants de la ville. Ensuite, la police fit donc appel de plus en plus souvent à sa collaboration et grâce à lui, retrouva voleurs et assassins. Cependant, la renommée croissante d'**Aymar** monta jusqu'à Paris, où ces messieurs de l'Académie des Sciences continuaient à discuter ferme sur la « rhabdomancie ».

Le pauvre **Aymar** fut soumis à une « batterie de tests » qu'il ne réussit pas tous car la mauvaise foi des enquêteurs, acharnés à le prendre en défaut, bloquait parfois ses facultés. Comme il était très naïf, **Aymar** se laissait embarquer dans des situations invraisemblables qui permettaient à ses adversaires de se moquer de lui.

Avec la fin du XVII$^{e}$ siècle, arrive en France la fin des persécutions. Et, malgré l'hostilité de la hiérarchie catholique officielle, on verra aux XVIII$^{e}$ et XIX$^{e}$ siècles une foule d'ecclésiastiques se mettre à la radiesthésie.

L'art radiesthésique va se populariser et permettre non seulement le développement de la baguette, mais encore celui de notre actuel pendule.

Nous parlerons de quelques radiesthésistes célèbres du XX$^{e}$ siècle, qui ont véritablement marqué leur art.

Ce sont :

* L'Abbé Bouly (1865 – 1958)
surnommé le « Père de la Radiesthésie » ;

* L'Abbé Mermet (1866 – 1937)
surnommé le « Prince des Sourciers » ;

* Monsieur Henry de France Père (1872 – 1947)
surnommé « L'Aristocrate de la Radiesthésie » ;

* Joseph Treyve (1877 – 1946)
surnommé « Des Fleurs et des Sources », car il était également horticulteur.

L'Abbé Bouly est véritablement le « premier radiesthésiste du monde » pour la bonne raison que nous lui devons le terme « radiesthésie », mot qui a détrôné les anciennes appellations de « sourcellerie » et de « rhabdomancie ».

Ses succès furent innombrables. Non seulement ses recherches permirent le forage d'un très grand nombre de sources, mais il se signala par d'importantes découvertes archéologiques de cimetières mérovingiens et de souterrains dans des châteaux féodaux. Il fut fréquemment appelé en consultation à l'étranger (Pologne, Roumanie, Portugal et Espagne principalement).

Après la grande guerre de 1914 – 1918, le ministre de la Guerre (français) le chargea d'une mission de confiance plutôt périlleuse qui consistait tout simplement à repérer les obus non éclatés sur les champs de bataille.

La plus grande force de l'Abbé **Bouly**, en tant que sourcier, consistait à détecter l'eau à de très grandes profondeurs tout en déterminant très exactement l'importance du débit et sa qualité. Sa légitime renommée tenait aussi à la justesse de ses diagnostics médicaux. On venait absolument de partout pour le consulter. Les médecins l'aidaient volontiers dans ses expériences, voyant en lui un homme de science.

L'Abbé **Bouly** fut accueilli dans un certain nombre d'hôpitaux notamment à Boulogne-sur-Mer, Berk, Lille, Liège, etc., où il identifia – sans presque jamais se tromper – des cultures de microbes qu'on lui présentait dans des éprouvettes.

« Nous vivons, aimait-il à répéter, dans un océan de radiations que nous ne percevons pas : des effluves invisibles émanent de toutes choses ; il ne s'agit que de déceler leur existence en constituant soi-même un détecteur vivant. Une fragile antenne permet de capter plus aisément les radiations cachées : c'est la fameuse baguette du sourcier. Je ne suis qu'un chercheur de vibrations et c'est tout... »

En 1950, le Gouvernement de la République Française lui décerna la Croix de Chevalier de la Légion d'Honneur.

* L'Abbé **Mermet** (1866 – 1937) « Prince des Sourciers ».

Fils et petit-fils de sourciers réputés en Savoie, Alexis **Mermet** fut initié tout jeune à l'art de la sourcellerie, et passa sa vie à Jussy près de Genève.

L'importance de ses réussites radiesthésiques a valu à l'Abbé Mermet le surnom amplement mérité de « Prince des Sourciers ». Sa réputation était mondialement connue car ses prospections sur le terrain étaient d'une précision tout à fait remarquable.

C'est cet ecclésiastique qui, à travers cent cinquante mètres d'épaisseur de rocher, révéla l'existence de toute une série de galeries aux grottes de Lascaux dans le Lot.

L'Abbé **Mermet** fut également à l'origine de découvertes de sources d'eau minérale, de métaux, de personnes disparues, etc. Il fut l'un des premiers à pratiquer la prospection à distance avec d'excellents résultats et son livre « Comment j'opère » relate la multiplicité de ses expériences.

Un article paru dans la revue « Le Pèlerin » au moment de sa mort, le dépeint comme suit :

« Qui n'a ouï parler de cet homme étonnant ? Son art touchait presque au prodige. Celui qui ne l'a pas vu passer, à grands pas, soutane en bataille, l'œil triomphal et son pendule de sourcier balancé à bout de bras comme un encensoir, cherchant sources, gibiers, poissons, trésors, n'a rien vu.

On recourait à lui d'un bout à l'autre de l'Europe pour chercher eau, fer, pétrole, etc. »

* Henry de **France** (Père) (1842 – 1947) « L'Aristocrate de la Radiesthésie ».

En 1926, se tint à Paris un « Congrès Psychique International » comprenant une section de sourciers. C'est à cette occasion qu'Henry de **France** écrivit son premier grand article sur la radiesthésie.

Licencié d'histoire et de géographie, il avait de solides connaissances géologiques qui, jointes à ses qualités de radiesthésiste firent rapidement de lui un spécialiste renommé de la prospection de l'eau.

Henry de **France** écrivit de nombreux ouvrages relatifs à son domaine favori : « Les souvenirs d'un Sourcier », « Radiesthésiste Agricole », et surtout « Le Sourcier Moderne », véritable synthèse à l'époque, des procédés employés par les radiesthésistes anciens et modernes.

En 1930, Henry de **France** fut le premier à créer une revue mensuelle consacrée à la radiesthésie : « La Chronique des Sourciers » qui, hélas, cessa de paraître en 1940. C'est à lui que l'on doit l'invention de plusieurs perfectionnements qui facilitèrent l'usage de la baguette et du pendule.

Sur l'amélioration des baguettes, on lui doit la création de deux lames plates liées ensemble à une extrémité ; celles-ci étaient faites à partir de fanons de baleine ou de lames d'acier.

* Joseph **Treyve** (1877 – 1946) « Des Fleurs et des Sources ».

Joseph **Treyve** n'était pas un horticulteur comme les autres. Il était d'ailleurs plus connu pour ses prouesses radiesthésiques que pour celles florales. Cela lui était venu tout naturellement.

Joseph **Treyve** devint l'un des meilleurs radiesthésistes de son temps pour la prospection à distance, et au nombre de ses clients figuraient deux noms prestigieux : Alexis **Carrel**, Prix Nobel de Médecine et l'aviateur Charles **Lindberg**.

Le Docteur Alexis **Carrel** lui montra une montre-bracelet : « Pouvez-vous me dire à qui elle appartient ? ». Joseph **Treyve** décrivit l'homme, son physique, son âge... La description fut parfaitement exacte. Et il fit entrer Charles Lindberg ! Il obtenait partout d'excellents résultats. Aux radiesthésistes novices qui venaient lui demander des conseils, voilà ce qu'il leur disait : « Avoir autant de recueillement que lorsqu'on écoute une berceuse que l'on aime, dans un concert... ». Après cette introduction et ce bref rappel historique, nous allons essayer d'expliquer le phénomène radiesthésique.

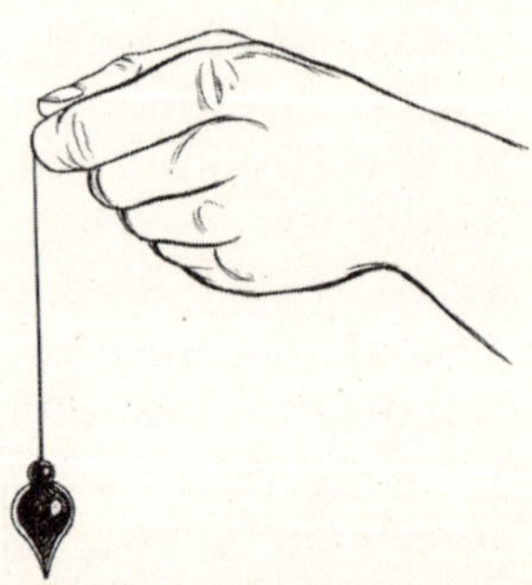

Première Partie

# ESSAYONS D'EXPLIQUER LA RADIESTHÉSIE

## LES PHÉNOMÈNES VIBRATOIRES ET L'HOMME

### Qu'est-ce que l'Homme ?

L'homme est une entité vibratoire, évoluant dans un monde de vibrations.

Sur cette planète Terre, tout est vibration et rayonnement. L'homme doit vivre en harmonie, en parfait équilibre entre deux forces fondamentales : celle venant du cosmos et celle venant du tellurisme.

L'homme subit en permanence, au sein de cet univers, des forces électromagnétiques ; car toute matière émet des ondes qu'il s'agisse des minéraux, des végétaux, des animaux et des humains. Ils ont tous un point commun : ils sont composés d'atomes dotés d'une énergie tourbillonnaire vibratoire.

Pour le corps humain, nos cellules sont de véritables circuits oscillants comprenant « self » et « capacité », c'est-à-dire tout à fait indépendantes les unes des autres ; et à ce titre, elles peuvent émettre et recevoir des ondes pouvant s'accorder sur une fréquence donnée et se mettre en état de « résonance ».

Cette constatation est fondamentale pour comprendre le phénomène radiesthésique. Il y a déjà quelques années, un physicien français chercheur au C.N.R.S.[1], le professeur Étienne Guillé, a écrit un ouvrage fort intéressant que je vous conseille vivement de lire : « L'alchimie de la vie », paru aux Éditions du Rocher.

Sachez que non seulement la matière irradie, mais aussi les formes et les couleurs ; c'est ce qui permet leur différenciation par l'œil humain.

Actuellement, nous parlons beaucoup des « ondes de forme », en particulier en Géobiologie. Mais qu'est-ce qu'une onde de forme, vous demandez-vous ? C'est la résultante d'un ensemble de micro-vibrations engendrées par des formes qui ne sont ni d'ordre cosmo-tellurique, ni d'ordre animal ou minéral.

Les ondes de forme appartiennent au monde physique des objets et surtout aux formes géométriques. Nous vivons donc dans un monde de formes qui influencent à notre insu nos propres vibrations et le champ vibratoire dans lequel nous vivons.

Tout au long de son histoire, l'homme fut très vite conscient de ces influences, et à travers les âges, il érigea des mégalithes, des pyramides, des sanctuaires, et plus tard des cathédrales, des abbayes, des chapelles.

Les Anciens avaient la connaissance des subtilités cosmo-telluriques, et s'en servaient ; citons comme exemple la pyramide de Chéops en Égypte, célèbre pour la multitude des connaissances exprimées par ses dimensions, sa forme et son orientation tant sur le plan des mathématiques que sur celui de l'astronomie. La pyramide de

---

(1) Centre nationl de la recherche scientifique.

Chéops aurait servi en outre, grâce à ses formes, à protéger de la désintégration de la mort et de l'altération du temps, le corps des pharaons inhumés en un point précis de sa masse.

En ce qui concerne les couleurs que nous percevons et qui nous permettent de voir et de différencier les objets qui nous entourent, c'est grâce à l'une des découvertes du physicien Newton en 1665 qui, décomposant un rayon solaire à l'aide d'un prisme transparent, prouva que la lumière solaire se compose d'un mélange de radiations colorées de longueurs d'ondes différentes.

Chacune des sept couleurs de base possède sa longueur d'onde qui lui est propre : rouge, orange, jaune, vert, bleu, indigo, et violet... que le radiesthésiste pourra capter, et choisir en fonction du but recherché.

## Mais l'esprit aussi est vibratoire

Le « Centre d'Information de l'Électronique » de Paris a réalisé une série d'expériences sur les possibilités de nos ondes cérébrales qui sont émises en permanence, quel que soit l'état dans lequel nous nous trouvons.

À l'état de repos (quiétude), l'onde cérébrale humaine est nommée « onde alpha » et elle a une fréquence de 7 à 15 Hz (hertz, du nom du physicien ayant découvert les ondes radio) ; c'est-à-dire qu'il s'agit d'une onde vibrant de sept à quinze fois par seconde. Les ondes alpha ont une portée variant de vingt à cinquante mille kilomètres et leur tension varie de cinq à cinquante microvolts.

À l'état de tension nerveuse normale, c'est-à-dire lorsque notre cerveau se livre à un travail de réflexion, cette onde alpha se mue en onde « bêta » et vibre alors de quinze à trente fois par seconde (15 à 30 Hz). Cette onde bêta impressionne un voltmètre, sans amplification ; elle peut donc être perçue par un autre cerveau. Ceci explique ce qu'on appelle communément les courants de sympathie et d'antipathie existant entre les êtres.

Cette onde bêta est susceptible de devenir un véritable message à la façon des ondes radiophoniques. C'est le phénomène de transmission de pensée, de télépsychie étudiée avec beaucoup de soin par la science officielle maintenant ; en particulier par les Américains qui s'en servent comme moyen de communication avec les sous-marins atomiques en cours de plongée. Précisons que ces procédés étaient connus depuis la plus haute Antiquité par des initiés qui échangeaient ainsi leurs impressions et leurs informations.

Il tombe donc sous le sens que ces ondes puissent être captées par le radiesthésiste, ce qui laisse entrevoir de nombreuses possibilités pouvant aller de la simple détection des sources souterraines, nappes phréatiques, puits, trésors enfouis… à la localisation de personnes disparues, l'établissement de diagnostics médicaux ou vétérinaires.

En réalité, il n'y a aucune limite aux recherches pouvant être effectuées à l'aide de la radiesthésie : l'analyse d'un corps inconnu, l'archéologie, les gisements, etc., ou tout simplement l'obtention des réponses aux questions que vous vous posez quotidiennement, à chaque instant de votre vie, lorsque vous hésitez devant un problème ou une décision à prendre.

## *Comment expliquer le phénomène radiesthésique ?*

Pour tenter d'expliquer le phénomène radiesthésique, on se trouve confronté à deux théories différentes, toutes deux basées sur l'analyse de l'acte radiesthésique mais nous fournissant des explications différentes.

Disons qu'en l'état actuel des choses, on se trouve devant deux écoles avec leurs tentatives respectives d'explication :

- l'École des Physiciens,
- l'École des Mentalistes.

Nous allons analyser chacune des différentes théories. Commençons par expliquer la thèse de l'École de Physiciens en détaillant et en analysant leur point de vue.

a) Il y a une émission d'ondes par le corps que l'on recherche. Le radiesthésiste est donc un récepteur de ces ondes ; celles-ci sont captées, puis amplifiées, par son corps. Cette réception d'ondes se traduira par un mouvement du pendule ou de la baguette.

| |
|---|
| **L'homme est donc un récepteur (1re analyse)** |

b) Afin de détecter les objets qu'il recherche, le radiesthésiste émet des ondes vers les objets, comme un véritable radar. Puis, ayant émis ces ondes, il les capte en retour.

Dans cette analyse de l'acte radiesthésique :

| |
|---|
| **L'homme est donc un véritable émetteur (2e analyse)** |

c) À l'examen de ces deux premières analyses, il ressort une conclusion logique :

**L'homme est un émetteur-récepteur**

Pour les partisans inconditionnels de cette théorie physique, la radiesthésie est tout simplement une question d'ondes électromagnétiques.

Ses adeptes seront donc en toute logique les principaux utilisateurs de tous les appareils électroniques que l'on trouve sur le marché, et partisans de ce qu'on appelle plus particulièrement la « radionique » (science nouvelle utilisant différents appareils à émission d'ondes – et en particulier d'ondes de forme).

Il serait possible de définir la radionique comme étant la radiesthésie liée à la magie de l'électronique, car ces appareils sont des assemblages utilisant des composants électroniques, tels que transistors, circuits intégrés, etc.

Notons au passage que la science donne quelquefois raison aux radiesthésistes physiciens. Les détecteurs de métaux que l'on trouve pour quelques dizaines d'euros (voire quelques centaines pour les plus sophistiqués), ne sont en réalité que des appareils qui émettent une certaine catégorie d'ondes électromagnétiques et qui peuvent les capter en retour.

Malheureusement, ceci n'explique pas toujours pourquoi le radiesthésiste peut différencier les ondes émises par différents corps. Et ceci n'explique pas non plus comment et pourquoi le radiesthésiste peut travailler à distance sur des cartes géographiques, des photographies (même anciennes) ; ni comment par ces procédés il retrouve des personnes disparues.

La conclusion est que l'hypothèse physique nous paraît peut-être très séduisante, mais est tout à fait insuffisante.

Voyons alors maintenant, le point de vue de l'école des mentalistes. Pour les mentalistes, la radiesthésie est un phénomène parapsychologique, et quel que soit l'instrument que vous employez pour l'exprimer, l'outil fondamental est d'abord le cerveau. À l'inverse de la théorie précédente, les instruments utilisés importent peu.

Le pendule ou la baguette ne servant qu'à amplifier les ondes émises par le cerveau, tous les raffinements technologiques n'apportent rien.

Ainsi dans ce cas, le travail mental peut se résumer et se décomposer en deux phases distinctes :

a) L'orientation mentale qui consiste à orienter l'esprit vers l'objet recherché – à l'exclusion de tout autre. Ce qui exige de faire préalablement le vide mental. (Nous en reparlerons plus loin dans la pratique des différents exercices.)

Par exemple : je cherche une source ; j'oriente exclusivement ma pensée vers l'eau : objet de ma recherche.

b) La convention mentale, qui est une sorte d'accord, de code que l'opérateur passe avec lui-même. (Nous apprendrons également plus loin à la déterminer, lors des exercices.)

Cette convention mentale doit permettre au radiesthésiste d'interpréter les mouvements inconscients du pendule ou de la baguette, dans un sens positif ou négatif, en rapport avec le désir mental émis, ou les interrogations formulées. La conclusion est que l'hypothèse mentaliste qui nous paraît tout aussi séduisante que la première, est tout aussi insuffisante. Nous le voyons, ni les hypothèses physiques, ni les hypothèses mentalistes qui restent dans le flou, n'apportent une compréhension totale scientifique à l'acte radiesthésique, chacun détenant une part de vérité. Le radiesthésiste amateur en est donc réduit à se contenter des nombreux témoignages des radiesthésistes confirmés... et à ses propres expériences.

Ma conclusion est que :

**L'acte radiesthésique est en fait la résultante d'un ensemble de perceptions à la fois mentales et physiques.**

## *Les découvertes scientifiques modernes*

Il nous faut parler des travaux récents d'Yves **Rocard**, ce professeur de physique célèbre dans le monde entier pour ses recherches. Il publia en 1963 un ouvrage « Le signal du Sourcier », dans lequel il apporte des données fort intéressantes quant à la reconnaissance de la radiesthésie.

Pour le professeur **Rocard**, l'acte radiesthésique provient d'une modification du champ magnétique dans un environnement donné. Les expériences qu'il a pu faire tendent à prouver que le sourcier est sensible non à l'existence d'un champ magnétique mais à sa variation.

Cette hypothèse est également utilisée pour expliquer d'autres phénomènes étranges tels que l'acupuncture, le sixième sens des oiseaux (expériences réalisées par le professeur **Yeagley** aux USA sur des pigeons voyageurs).

Le champ magnétique terrestre agirait sur le système nerveux de l'oiseau lorsqu'il se déplace, de la même façon qu'il induirait une force électromotrice dans un conducteur mobile.

D'après le Professeur **Rocard**, « le sourcier serait sensible, quelle qu'en soit la cause, aux inégalités magnétiques ».

Dans son dernier ouvrage paru aux éditions Dunod en 1989, « La Science et les Sourciers », le professeur **Rocard** nous apporte les preuves de l'existence de « centres récepteurs magnétiques » chez l'être humain.

D'après le Pr Yves **Rocard,** voici la localisation de ces centres récepteurs :

Ils se présentent toujours deux par deux, au même niveau et selon une symétrie droite/gauche de notre corps.

1) À l'arrière du crâne, à droite et à gauche, là où sont situées les attaches des deux muscles du cou qui maintiennent la tête verticale,

2) au creux des coudes, droit et gauche, à l'endroit où se fixent les biceps,

3) vers les omoplates, jointes droite et gauche des deux attaches hautes des muscles lombaires maintenant le tronc humain vertical,

4) au creux des genoux, droit et gauche, dans les attaches supérieures des muscles des jambes,

5) autour des tendons d'Achille, joints avancés dans les talons, à environ six centimètres de l'arrière des pieds,

6) au niveau des arcades sourcilières, droite et gauche, juste au-dessus de la pupille de l'œil quand on regarde droit devant soi.

Les petits centres récepteurs magnétiques de l'homme sont de même nature que ce que les biologistes trouvent non seulement chez d'autres vertébrés (pigeons voyageurs), mais aussi chez les espèces les plus diverses.

**Le corps humain renferme de la magnétite.**

La présence de magnétite dans le corps humain ? C'est ce que nous prouve la découverte par R.N. **Baker** en 1983, de la présence d'un véritable cristal de magnétite dans l'arcade sourcilière humaine.

Dans la matière vivante, il pourrait exister un ferromagnétisme inconnu jusqu'ici, qui concernerait ce "magma" composé de magnétite entouré de tissu organique qui répondrait tout de même aux lois du ferromagnétisme minéral, quoique avec des paramètres différents.

Tous ces travaux ne sont pas terminés, et bien d'autres physiciens dans le monde s'intéressent à la radiesthésie.

**Sommes-nous à l'aube de la radiesthésie comme science ?**

La question reste posée.

Le professeur Yves **Rocard**, physicien et mathématicien de renommée internationale, membre du « Comité de l'Énergie Atomique » du C.N.R.S. [(1)], a mis en évidence des « Centres Récepteurs Magnétiques » dans l'organisme humain qui fonctionneraient grâce à la présence de magnétite dans le corps.

Yves **Rocard** est une sommité scientifique reconnue de tous ; il a dirigé durant vingt-huit années le « Laboratoire de Physique » à l'École Normale Supérieure à Paris.

Depuis 1957, le professeur **Rocard** s'est attaché à donner une explication scientifique de la radiesthésie et de la sensibilité particulière de ceux qui la pratiquent.

## *L'exercice de la radiesthésie*

**En principe, la radiesthésie est un art simple qui devrait pouvoir être pratiqué par tout le monde ; mais comme tout art, elle suppose un don.**

La radiesthésie suppose en effet un don de captation, de réceptivité plus ou moins développé selon les êtres, et de sensibilité.

Mais la sensibilité et la réceptivité se développent par la pratique d'exercices appropriés, pour arriver à se servir d'un pendule dans les meilleures conditions. Et, en fonction des aptitudes de chacun, il faudra s'attendre à des résultats différents.

Nous pouvons tous apprendre à jouer d'un instrument, mais combien existe-t-il de concertistes parmi nous ? De même, nous pouvons tous chanter, mais combien y a-t-il de **Caruso** parmi nous ?

L'intérêt de cet ouvrage est de vous apprendre à maîtriser cet art, afin que votre pendule devienne votre compagnon fidèle dans votre vie de tous les jours, de vous permettre d'éviter certaines erreurs et de pouvoir réaliser de bons choix.

Vous y arriverez par le travail et la persévérance grâce à des exercices tels ceux que je vais vous enseigner ; ensuite, l'usage de votre pendule vous sera aussi aisé et indispensable que le besoin de vous laver les dents chaque jour.

### *I - Les bases fondamentales.*

#### a) Les réflexes

Qu'est-ce qu'un réflexe ? Le dictionnaire nous précise qu'il s'agit d'une « réaction nerveuse inconsciente qui résulte d'une impression extérieure ».

Il existe 2 sortes de réflexes :

- réflexe inconditionnel, sans éducation préalable,
- réflexe conditionnel, résultant d'un apprentissage en vue d'un but précis.

Les qualités fondamentales du réflexe sont son automaticité et sa rapidité ; vélocité parfois plus fulgurante que la pensée.

**Exemple :**

Le bon automobiliste évite un danger subit par une manœuvre appropriée, et souvent c'est une fois le danger évité qu'il en prend réellement conscience et qu'il éprouve les sensations de l'émotion provoquée.

**Le réflexe du radiesthésiste est un réflexe conditionnel pour qu'il prenne conscience de la réponse soit directement par les sensations perçues, soit indirectement par le pendule.**

Ce réflexe conditionnel est un élément de base de l'acte radiesthésique. Il doit être éduqué et affiné au maximum afin d'obtenir des réactions rapides, efficaces et sûres.

Chez l'automobiliste, le réflexe est déclenché par l'apparition d'un danger ; chez le radiesthésiste, il est déclenché par une question posée.

Le premier exercice auquel il faut se livrer en radiesthésie n'est donc pas de faire une recherche, mais d'apprendre à bien tenir le pendule et à en obtenir facilement les mouvements de giration ou d'oscillation.

**b) La convention mentale**

La convention mentale est un accord passé avec soi-même sur la façon dont « marche » le pendule. On doit donc décider une fois pour toutes que si le pendule tourne dans tel sens, cela veut dire « oui » ; tandis que dans tel autre sens, cela signifie « non ».

Par exemple, personnellement j'ai choisi la convention mentale suivante :

- lorsque mon pendule tourne à droite, dans le sens des aiguilles d'une montre, c'est « oui »,
- lorsque mon pendule tourne à gauche, dans le sens inverse, c'est « non »,
- lorsque les oscillations sont neutres, c'est ni « oui » ni « non ».

Tous les radiesthésistes n'ont pas la même convention mentale, et celle-ci est un choix strictement personnel. Le pendule n'a d'ailleurs pas un très grand choix de mouvements : il tourne (giration), ou se balance d'avant en arrière ou de droite à gauche (oscillation).

Il vous faut donc choisir votre convention mentale selon ce qui vous paraît le plus évident pour vous... tout en sachant que ce qui est évident pour l'un ne l'est pas forcément pour le voisin !... (vous aurez plus loin des exercices pour déterminer cela).

**L'important est que lorsque vous aurez décidé de votre convention mentale, il faudra vous en tenir à votre choix et ne plus en changer.**

Votre convention mentale doit devenir tellement automatique, que vous ne vous poserez même plus la question ; elle doit devenir tellement naturelle que vous n'y penserez même plus. Cela se fait d'ailleurs tout seul, au bout d'un certain temps.

**La radiesthésie demande une certaine discipline, sans quoi vous n'arriverez à rien.**

**c) La question correctement posée**

En formulant une question précise qui est une hypothèse (une solution possible au problème étudié) le radiesthésiste crée un langage dont les réactions musculaires réflexes font sauter la baguette ou tourner (ou osciller) le pendule, quand elles sont amplifiées par l'accord de ce langage avec les données inconscientes de l'activité cérébrale.

**On conçoit dès lors l'importance de la question correctement formulée. Nous sommes là au cœur du problème ; c'est l'élément fondamental de l'acte radiesthésique.**

La question claire, précise, bien définie et correctement formulée étant posée, il suffit ensuite d'attendre la réponse automatique du pendule.

**Formuler cette question est un travail rationnel, analogue à celui qu'imposent les contraintes d'un ordinateur.**

Le radiesthésiste contrôle la réalité du problème, le définit avec précision, l'analyse, le subdivise en autant d'éléments qu'il est possible. Il traduit alors chacun de ces éléments en un langage (convention mentale) compréhensible par sa sensibilité radiesthésique.

**Ce langage est un système de numérotation à base deux ; c'est le calcul binaire : le pendule répond par "oui" ou par "non", "vrai" ou "faux". C'est tout.**

C'est un travail d'intelligence qui doit se réaliser avec toutes ces qualités et qui exige les connaissances se rapportant à l'objet de la recherche.

La nécessité de ces connaissances est plus ou moins importante selon l'objet de la recherche. À titre d'exemple, pour travailler en radiesthésie médicale, il vous faudra bien évidemment un minimum de connaissances médicales. De même, pour faire des recherches en radiesthésie géologique, il vous faudra avoir des connaissances minimales en géologie.

**Une fois la question claire, précise, bien définie, correctement formulée, il suffit d'attendre la réponse du pendule. (Réponse automatique, comme le réflexe de l'automobiliste.)**

C'est à partir de ce moment que le radiesthésiste doit faire le vide dans son esprit, et donc se mettre dans un état mental spécial, où le refoulement des éléments critiques – ou autocritiques – laisse la place libre à la manifestation subconsciente (qui ne peut que se produire que lorsque la personnalité consciente s'efface, volontairement, ou non).

### *II - Les qualités individuelles.*

**a) La sensibilité**

Cette sensibilité en radiesthésie comporte deux éléments :

- la réception des informations,

et

- la réaction aux informations.

La réception des informations est plus ou moins fine selon les individus ; de même, la réaction aux informations perçues est plus ou moins vive.

Devant les mêmes facteurs causals, les organismes ne réagissent pas de la même manière : c'est une des caractéristiques des différents tempéraments.

**Bien qu'étant une faculté naturelle,<br>la radiesthésie sera pratiquée par ceux<br>qui possèdent cette sensibilité à un degré suffisant<br>pour l'éduquer, la développer, l'affiner.**

De même, selon ses propres qualités, le radiesthésiste est sensible à des influences différentes : celles émanant soit des corps inorganiques, soit de l'eau, soit des êtres vivants, etc.

**Il est à noter que le radiesthésiste affine cette sensibilité.**

### b) L'état physiologique de l'expérimentateur

La recherche radiesthésique peut varier suivant l'état physiologique de l'expérimentateur. Cela ne veut pas dire qu'une parfaite santé est absolument nécessaire pour pratiquer la radiesthésie. Cela est peut-être vrai pour certains individus et pour certaines recherches, mais pas toujours pour tous.

À titre d'exemple, il est bien évident qu'une écharde fixée dans le doigt ou un rhumatisme du poignet gênera considérablement le radiesthésiste dans sa recherche.

### c) Les qualités intellectuelles

Il vous faut avant tout une bonne culture générale et du bon sens. Le travail de recherche radiesthésique exige des qualités d'analyse, d'esprit clair et de logique.

Il est évident qu'une bonne culture générale ne peut que favoriser ces qualités intellectuelles et qu'il est fort utile – voire indispensable – de posséder un minimum de connaissances techniques relatives à l'objet de la recherche.

Des connaissances élémentaires d'anatomie et de pathologie courante sont nécessaires pour une plus grande efficacité médicale ; de même des notions de psychologie sont nécessaires pour l'orientation professionnelle.

Des notions de géologie et d'hydrologie sont nécessaires pour la recherche des sources et nappes phréatiques.

### d) La maîtrise de l'esprit

La maîtrise de l'esprit est la qualité la plus difficile à observer et la plus importante pour une recherche radiesthésique efficace.

En prenant conscience du problème à résoudre, des éléments de solution se présentent tout naturellement à l'esprit.

Attention, à ce moment des idées préconçues peuvent apparaître. N'oubliez pas que le subconscient fonctionne malgré nous.

Une solution peut s'offrir, devenir une idée-force et provoquer des échecs en radiesthésie.

**Il est donc indispensable de contrôler son esprit et d'adopter systématiquement une attitude neutre, en attente d'une réponse. Attention : cela exige un long entraînement.**

### e) Faire le vide dans son cerveau

Il n'est donc pas possible d'arrêter l'activité du cerveau, mais il est possible de contrôler sa pensée – et vous le devez.

C'est le problème de l'attention. Il ne faut pas vous laisser distraire par les multiples sensations qui vous assaillent continuellement, ni vous laisser dévier par les incessantes associations d'idées.

C'est souvent une affaire de tempérament, et certains caractères instables ont du mal à fixer leur attention ; mais un entraînement régulier améliorera cet état.

Les personnes depuis longtemps habituées à une certaine discipline de vie, à la méditation ou à la réflexion, deviennent rapidement d'excellents radiesthésistes.

**En radiesthésie, le moment le plus délicat est celui de la réponse du pendule.**

Il vous faut faire mentalement « l'arrêt sur l'image », comme dans le visionnage d'un film. C'est-à-dire que vous devez répéter intérieurement (ou à haute voix) la question posée.

**L'activité de l'esprit se trouve ainsi fixée – sans effort – pour un temps bref, mais suffisant.**

**f) Savoir se concentrer**

C'est là un conseil dangereux car il ne doit pas entraîner une tension de l'esprit, ni même une contraction musculaire.

**La pratique de la radiesthésie doit s'opérer en pleine décontraction physique et mentale. Il faut être disponible à toute sensation, attentif à toute inspiration.**

Pour cela, il existe des exercices à réaliser quotidiennement qui ne vous serviront pas seulement pour la pratique de la radiesthésie, mais également dans votre vie de tous les jours.

**Par exemple :** installez-vous dans une pièce au calme, à l'abri des bruits de la ville et de votre environnement.

Choisissez un siège confortable et non pas votre lit, car il ne faudra pas vous endormir. Placez en face de vous (sur le mur par exemple) une feuille de papier suffisamment grande pour ne pas fatiguer votre vue, dont le fond est blanc et sur laquelle vous aurez soit dessiné un cercle noir, soit collé un cercle rempli de la couleur noire.

L'exercice consiste à fixer son attention sur le cercle noir en ne pensant à rien d'autre, en rejetant toute pensée quelle qu'elle soit. Cela vous paraîtra très difficile au début, d'autant que je vous recommande cet exercice durant une minute le premier jour, en rajoutant trente secondes supplémentaires chaque jour.

Ainsi, le deuxième jour vous fixerez le cercle noir durant une minute trente, pour atteindre jusqu'à trois minutes dès le cinquième jour ; ce qui paraît très court. Mais essayez, et vous vous apercevrez que c'est très long de rester tout ce temps calme, sans tension.

**Cet exercice est excellent pour développer vos facultés de concentration.**

***III - Les écueils à éviter.***

**L'autosuggestion**

L'autosuggestion en radiesthésie consiste à faire dire au pendule ce que l'on croit... ou ce qu'on désire lui faire dire !

Le danger est réel – surtout chez les débutants. C'est un danger permanent, considérablement réduit par un entraînement persévérant et par la maîtrise de soi.

***IV - Un entraînement assidu et persévérant.***

Nos sens et nos facultés exigent une éducation, une adaptation, tout à la fois de notre organisme et de notre esprit.

Un entraînement assidu est absolument indispensable pour le radiesthésiste qui possède une grande sensibilité, et surtout pour celui qui veut en faire une profession. (Cela exige alors quasiment une pratique quotidienne.)

Mais pour la plupart d'entre nous, la pratique de quelques exercices quotidiens suffit, et vous ne devez jamais arriver à la fatigue, à l'énervement.

## *Les principales sources d'erreurs en radiesthésie*

Citons les principales sources d'erreurs en radiesthésie, que vous devrez toujours conserver à l'esprit ; et cela, afin de vous éviter des recherches radiesthésiques infructueuses ou erronées dans les réponses obtenues.

1) L'imagination raisonnée ;
2) Le manque de concentration sur l'objet de la recherche ;
3) L'autosuggestion ;
4) Les transmissions de pensées (voulues ou involontaires) du subconscient ;
5) Les questions mal posées ou insuffisamment précises.

Tout cela est à éviter afin d'obtenir la réponse juste à vos questions.

**Réfléchissez toujours avant sur la meilleure façon de formuler vos questions.**

*Traité de Valmont*

• *Les instruments :*

**a) La baguette**

La baguette de coudrier, ancêtre du pendule, a été utilisée depuis la plus haute Antiquité pour repérer les sources et les minerais. Les Égyptiens et les Chinois il y a deux mille ans connaissaient très bien l'usage de la baguette.

La baguette était réalisée à partir d'une branche fourchue de coudrier – ou noisetier.

Le sourcier tenait les deux fourches à bout de bras et, lorsqu'il passait à la verticale d'une eau souterraine courante ou stagnante, la baguette se redressait, lui tournant entre les mains. Chaque sourcier avait sa méthode personnelle de détection.

Il faut rappeler que les baguettes avaient des formes différentes selon les pays et les usages coutumiers.

Mais il faut bien convenir que la baguette n'est pas d'un usage très pratique. D'abord elle fatigue beaucoup le sourcier qui doit marcher les bras tendus en avant, tenant son outil à bout de bras. C'est une position pour le moins inconfortable.

Certains sourciers ont résolu cette difficulté en conservant les bras le long du corps, ne maintenant tendus que les avant-bras. Cette position de la baguette est effectivement moins fatigante pour l'officiant, mais la baguette présente l'écueil d'offrir une précision toute relative.

Toutefois, il faut le reconnaître, la précision obtenue par certains radiesthésistes au moyen de la baguette en ce qui concerne la recherche de la profondeur de l'eau ou des minerais est assez stupéfiante. Mais de toute évidence, la baguette ne permet pas les recherches multiples que l'on a développées avec le pendule.

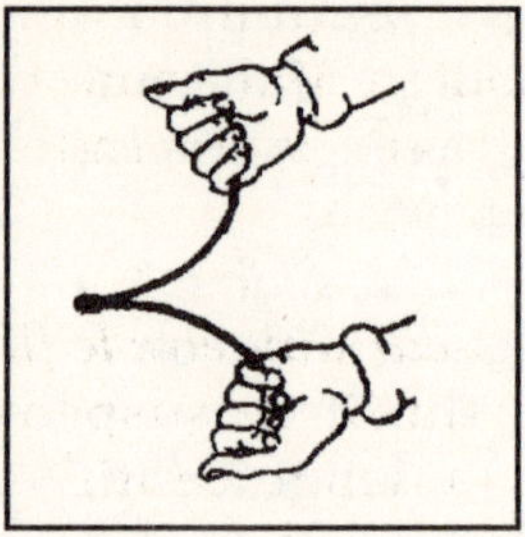

***Baguette de coudrier, et la façon de la tenir.***

**b) Le pendule**

Nous allons parler maintenant de l'objet qui va constituer pour vous votre compagnon quotidien.

Certains historiens ont cru identifier des pendules parmi les objets retrouvés dans les tombes égyptiennes. Rien n'est absolument certain en ce domaine, tout en restant assez vraisemblable étant donné l'étendue des connaissances de cette civilisation au niveau des ondes de forme en particulier.

**Le pendule moderne est né au XIX^e^ siècle.**

Au début du XIXe siècle, un physicien strasbourgeois nommé Gerboin, fit des expériences sur un anneau suspendu à un bout de fil : il constata qu'il réagissait comme la baguette du sourcier.

Peu à peu, l'idée s'imposa que tout objet suspendu au bout d'un fil était susceptible de réagir à certaines vibrations provenant du sol, des métaux, de l'eau, etc.

***Qu'est-ce qu'un pendule ?***

À la lecture de ce qui précède, ce peut être n'importe quoi au bout d'un fil, seriez-vous tenté de nous répondre… Définition simpliste, pourriez-vous même ajouter. Mais non, vous allez essayer vous-même et vous comprendrez rapidement, à votre grande surprise.

***De quelle longueur doit être le fil ?***

La longueur du fil de suspension du pendule varie de cinq à vingt centimètres environ de longueur, pour travailler chez vous, et doit être plus long pour atteindre jusqu'à un mètre pour des recherches sur le terrain. Dans ce dernier type de recherches, le pendule doit être également plus lourd que pour les recherches « en chambre » ; son poids pourra atteindre alors jusqu'à deux cents et même trois cents grammes.

***En quelle matière doit être fait le pendule ?***

En toute matière vous répondrais-je : en métal, en verre (cristaux de quartz), en bois, en terre cuite, en plastique même !

Tout peut « marcher », sauf le fer aimanté. Il faut seulement que le pendule soit suffisamment pesant pour tendre le fil, mais sans le casser. Ainsi, un anneau de rideau, une alliance ou une bague, une clef, une boucle d'oreille… Tout peut servir de pendule.

***En quelle matière doit être le fil ?***

Là encore, la matière importe peu : coton, lin, soie, chaînette de métal... tout est possible.

***Quelle forme doit avoir le pendule ?***

En principe, la forme classique d'un pendule est sphérique, ronde ou cylindrique. Mais un objet de forme biscornue peut même faire l'affaire.

Les pendules vendus dans le commerce se terminent par une pointe, ce qui est pratique lorsqu'on poursuit des recherches sur plan ou carte de géographie.

Le pendule de l'Abbé **Mermet** était creux, avec un couvercle se dévissant, ce qui permettait d'y glisser un « témoin ». Les radiesthésistes, au cours de leurs diverses recherches, ont décrit quatre mille types de pendules différents ! Pourtant, il ne peut y avoir que deux paramètres à considérer :

- la masse (m) et la longueur du fil (p).

**En regardant un lustre se balancer dans la cathédrale de Pise, le célèbre Galilée découvrit en 1602 que les pendules de même longueur mettent toujours le même temps entre deux retournements successifs, quelle que soit l'amplitude grande ou petite de l'oscillation. Plus tard, le physicien Huyghens appliqua cette théorie aux horloges, pour en régler les mouvements.**

Nous allons citer quelques pendules ayant certaines particularités découvertes par les radiesthésistes qui les utilisaient.

### *Les pendules égyptiens*

Là encore, les pendules égyptiens peuvent être faits dans des matériaux différents : plomb, bois, grès, laiton, etc. peu importe leurs matériaux ; ce qui est important par contre c'est leur forme.

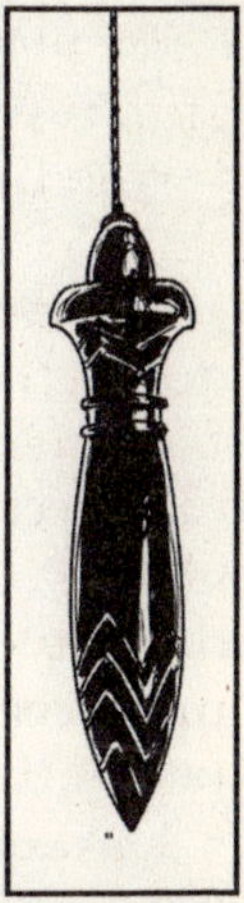

Examinez donc la figure ci-contre. Autrefois utilisé paraît-il par les marins égyptiens pour se guider sur la mer, ce type particulier de pendule servit aussi aux prêtres de Pharaon pour des opérations de haute magie.

Mais de par sa forme, le pendule égyptien émet déjà certaines catégories d'ondes de forme, et facilitera ainsi les recherches du radiesthésiste dans ce sens.

Sa qualité d'émetteur vous permettra une autre utilisation très utile dans votre vie de tous les jours : « charger l'eau ». (Voir plus loin, aux exercices explicatifs, page 116.)

### *Les pendules en cristal de roche ou quartz*

Le quartz produit par ses torsions une certaine énergie vibratoire, d'où d'ailleurs son utilisation en électronique dans les semi-conducteurs.

Avec le quartz, nous sommes en présence d'une géométrie de forme équilibrée où l'homme n'a eu aucun rôle. C'est la grande architecture naturelle, d'où on tirera certaines spécificités, à savoir :

- un potentiel vibratoire important,
- une forme particulière,
- une couleur typiquement neutre.

Ce pendule est couramment utilisé pour toutes les recherches au niveau du corps humain.

***Voici quelques modèles de très jolis pendules en cristal de roche qui vous permettront d'effectuer des recherches très précises en radiesthésie médicale. (Entre 20 et 45 euros)***

## *Le pendule en verre, équilibré au mercure*

Le mercure ayant une composition physico-chimique qui lui est propre, il permet au radiesthésiste de déterminer « les lieux du corps » en proie à des perturbations, et de localiser plus facilement les organes déficients.

**Mais vous pouvez également effectuer toutes ces recherches avec le pendule de votre choix.**

**De préférence, je vous conseille de le choisir léger pour vos débuts.**

## *Le pendule de l'Abbé Mermet*

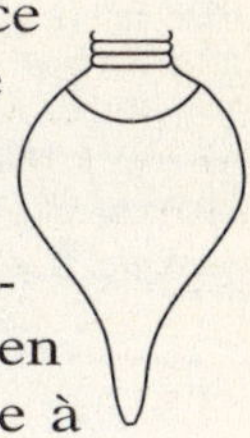

Dévissable en sa partie supérieure, ce pendule permet d'inclure, comme je vous l'ai déjà dit, un « témoin ».

Ce témoin sera une mèche de cheveux, un métal précieux, une photographie, un médicament, etc. (variable en fonction de la recherche radiesthésique à effectuer).

**Schéma des différents pendules non décrits dans les pages précédentes.**

***Pendule Enel***
*(émetteur, vert négatif)*

***Pendule Tikal***
*(en astrologie et recherche psychique)*

***Pendule Icare***
*(universel)*

### *Le scripto-pendule*

Pour ceux qui se spécialisent dans la recherche sur plan, il existe le scripto-pendule. En plus de sa propriété essentielle de repérage géographique, le scripto-pendule permet de réaliser des dessins et des graphismes ; mais ce pendule remplit tous les usages d'un pendule classique. Il n'est malheureusement plus fabriqué et n'a été à ce jour remplacé par aucun autre.

**c) Les témoins**

Les témoins sont des objets réels, ou tout simplement symboliques. Un témoin n'est pas exactement un « outil », mais plutôt un accessoire. Il permet de fixer l'attention du radiesthésiste et de concrétiser sa recherche ; c'est un support de la pensée et rien d'autre. À titre d'exemple, prenons la recherche des personnes disparues :

Le radiesthésiste se servira d'une photographie, d'une pièce d'identité ou d'un objet ayant appartenu à cette personne.

Lorsque vous posez une question à propos de quelqu'un, il vous faut également disposer d'un témoin : photo, lettre, carte de visite, spécimen d'écriture, objet personnel... mèche de cheveux, etc.

Prenons un autre exemple : si vous recherchez vos lunettes, le meilleur témoin sera leur étui. Si vous n'avez pas de témoin, essayez de dessiner le plus justement possible l'objet de votre recherche (ce témoin sera alors purement symbolique ; mais nécessaire).

***Comment s'explique l'action du « témoin » ?***

Lorsqu'il s'agit d'un objet personnel appartenant à une personne déterminée, on peut supposer qu'il y reste attaché des « ondes de rémanence ».

Ce qui est plus étonnant encore, c'est que la radiesthésie « marche » également avec des témoins tout à fait symboliques ou immatériels ; (matérialisés seulement par un dessin ou un mot écrit sur un bout de papier par l'officiant).

| |
|---|
| **Preuve que les pouvoirs de l'esprit sont plus grands qu'on ne le croit...** |

**d) Le rapporteur**

Le rapporteur géométrique classique des écoliers peut être utile lorsque l'on pratique des recherches sur un plan ou une carte de géographie.

Le rapporteur est par contre tout à fait inutile si la question n'a pas de dimension géographique.

## *Quelques conseils*

... Avant de commencer à pratiquer la radiesthésie.

• ***La relaxation***

L'usage du pendule fait appel à des facultés que l'on qualifie – faute de mots plus précis – de parapsychologiques. Ces facultés spéciales (comme nous l'avons déjà vu précédemment) nous les possédons tous plus ou moins. Mais ceux qui sont particulièrement doués (médiums, voyants, guérisseurs, personnes qui ont du fluide, etc.) ont tous un point commun : ils savent se détendre pour être mieux réceptifs.

Faites-en vous-même l'expérience : lorsque vous vous laissez glisser au fond d'un bon bain parfumé et bien chaud, sans penser à rien... N'est-ce pas le moment privilégié où vous viennent certaines idées, certaines intuitions ?

« Eurêka » s'écria Archimède dans son bain lorsqu'il découvrit le principe qui porte son nom... il était si enthousiaste qu'il bondit hors de sa baignoire pour aller raconter en ville sa découverte... sans se soucier de sa nudité !...

Vous devez donc apprendre à vous détendre lorsque vous tenez un pendule entre vos doigts.

## *Voici quelques « trucs »*

- Utilisez toujours le **même pendule,** celui qui vous a déjà donné des résultats, qui vous est donc familier, en quelque sorte, et en lequel vous avez confiance.
- Installez-vous dans une **position confortable :** c'est-à-dire bien assis et dans le calme, car le bruit vous empêchera de vous concentrer sur le pendule. Un autre conseil important : ne soyez jamais placé dans des courants d'air glacé (surtout si vous les craignez), afin de ne pas vous créer de tension nerveuse par frilosité.
- Ne tenez pas le pendule à **bout de bras** : cela vous entraînerait bien vite des crampes, et n'oubliez pas que toute crispation bloque les mouvements pendulaires.
- Surveillez **votre estomac** : certaines personnes sont nerveuses lorsqu'elles ont faim, si vous êtes dans ce cas, nourrissez-vous avant de travailler en radiesthésie. D'autres personnes ayant la digestion lourde voient celle-ci leur rendre tout effort pénible ; si vous êtes dans ce cas, vous devez au contraire attendre que votre digestion soit passée avant d'entreprendre vos recherches radiesthésiques.

**La chose la plus difficile à réaliser**
**est le *détachement intérieur*.**

**Vous devez donc être prêt à *accepter***
***n'importe quelle réponse du pendule*,**
**sans jamais vouloir influencer celui-ci.**

*Dernières recommandations*

- N'entreprenez aucune expérience de radiesthésie, si vous ne vous sentez pas en **bonne forme physique et mentale.**
- Ne tentez aucune expérience ou recherche, si le milieu dans lequel vous opérez ne vous inspire pas une **pleine confiance**.
- Imposez systématiquement aux personnes qui assistent à vos expériences radiesthésiques de respecter un certain **silence**.
- N'oubliez jamais que la réussite d'une expérience ou d'une recherche radiesthésique est **toujours liée à la précision** et à **l'intensité** de votre **orientation** et de votre **convention mentale**.
- Vous devez toujours observer une **neutralité mentale** absolue par rapport à l'objet de votre recherche radiesthésique.

**Vous devez toujours respecter la règle qui consiste, chaque fois que vous avez commis une erreur, à en rechercher la cause.**

## *En radiesthésie : une règle d'or... Apprendre à poser des questions !*

Le pendule ne peut répondre que par « oui » ou par « non », ou « peut-être = ni oui - ni non ».

**Il est donc indispensable en radiesthésie de poser des questions simples.**

Il est donc évident que si vous mélangez plusieurs questions lors de votre interrogation radiesthésique, le pendule se bloque, hésite, ou donne une réponse fausse.

**Exemple : « *Mon frère est-il parti ce soir en train avec sa fille ?* »**

Ici, la question doit se décomposer en quatre éléments (ou plus), à savoir :

1. « Mon frère est-il parti ? » (Oui - Non ?)
2. (si oui) : « Ce soir ? » (Oui - Non ?)
3. (si oui) : « En train ? » (Oui - Non ?)
4. (si oui) : « Avec sa fille ? » (Oui - Non ?)
5. (si non) : « Sans sa fille ? » (Oui - Non ?)

etc.

Vous comprendrez, je présume, qu'à une question posée, même précisément, vient s'ajouter un ensemble d'autres considérations qu'il ne faut pas négliger si vous voulez réaliser une étude vraiment complète.

Je pense que vous aurez ainsi compris le processus « logique » qu'il convient que vous adoptiez pour bien « disséquer » chacune de vos questions, en autant de segments qu'elle comporte d'interrogations véritables.

**Apprenez donc à être logique et structuré mentalement, et tout ira bien.**

## *Les domaines d'application de la radiesthésie*

Les domaines d'application pratique de l'usage de la radiesthésie sont vastes en réalité et couvrent un large champ d'activités, comme vous allez pouvoir le constater par la liste qui suit et le développement de chacune d'elles.

I - **HYDROLOGIE**, ou science des sourciers,
II - **MINÉRALOGIE,**
III - **ARCHÉOLOGIE,**
IV - Recherche de **TRÉSORS** ou d'**OBJETS DISPARUS**,
V - **GESTION DES AFFAIRES**,
VI - **ÉTUDES PSYCHOLOGIQUES** et **ORIENTATION PROFESSIONNELLE**,
VII - **RÉUSSITE DE SA VIE,**
VIII - **RECHERCHES POLICIÈRES** et de **PERSONNES DISPARUES**,
IX - **RADIESTHÉSIE MÉDICALE**,
X - **RADIESTHÉSIE VÉTÉRINAIRE**,
XI - **GÉOBIOLOGIE,**
XII - **TÉLÉRADIESTHÉSIE.**

Examinons donc chacune de ces applications.

### *I - L'hydrologie, ou science des sourciers.*

C'est le professeur Yves **Rocard** (déjà cité plus haut, pages 29 à 32) qui a découvert l'existence des centres récepteurs magnétiques chez l'être humain et le physicien américain R.N. **Baker** (voir également page 31) qui a découvert l'agent physique qui rend les sourciers sensibles à la présence d'une eau courante, par la présence de magnétite dans le corps humain.

La baguette saute quand l'organisme du sourcier se trouve dans l'influence d'une variation d'un champ magnétique terrestre ; variation provoquée par des courants d'électrofiltration d'une eau courante par des masses métalliques en mouvement, ou par des variations de courant électrique.

L'organisme de l'officiant réagit à cette variation du champ magnétique terrestre comme il réagit aux autres agents physiques : ondes lumineuses, ondes sonores, rayons x, etc.

La sensibilité de l'homme à l'eau est la plus commune, et selon le Pr **Rocard**, cinquante pour cent des individus qui en font l'expérience peuvent voir tourner la baguette dans leurs mains.

### *II - La minéralogie.*

La minéralogie est un domaine de recherche proche de l'hydrologie. Il faut cependant noter que les minéraux n'ont pas l'universalité de l'eau et nécessitent chez le radiesthésiste une plus grande sensibilité réceptrice.

Cette sensibilité réceptrice aux minéraux étant plus faible chez les individus, ce type de recherche ne se révèle valablement que chez un petit nombre d'entre eux.

En outre, les recherches en minéralogie étant moins fréquentes qu'en d'autres domaines, le radiesthésiste est moins entraîné à effectuer ce type de recherche.

### *III - L'archéologie.*

Curieusement, les recherches radiesthésiques en archéologie présentent moins de difficultés que les recherches en minéralogie !

Quoique l'on ne sache pas encore comment expliquer ce phénomène, il semble que les souterrains, les grottes, etc., en bref, toutes les inégalités intérieures de la terre (naturelles ou creusées par l'homme), manifestent – comme l'eau souterraine – des champs de force magnétique... et donc une certaine influence sur les organismes vivants.

Certains radiesthésistes peuvent donc être très sensibles à ces inégalités du sous-sol, et les déceler facilement ; surtout si l'homme y a laissé des traces. (Ici, cela nécessite des connaissances en la matière.)

### *IV - Recherche de trésors ou d'objets perdus.*

Il est tout à fait possible de découvrir radiesthésiquement des trésors et des bijoux ou objets divers perdus. Les demandes sont nombreuses, mais les difficultés ici sont beaucoup plus grandes que pour les recherches précédentes.

Pourquoi ? Tout simplement parce que généralement, la masse de l'objet perdu – et donc de la recherche radiesthésique – est relativement faible ; son influence sur l'organisme – déjà moindre en tant que corps inorganique – est donc minime et nécessite de l'officiant une plus grande sensibilité réceptrice.

Si la valeur de l'objet recherché est grande, ce n'est toutefois qu'une valeur conventionnelle (plus ou moins augmentée par le facteur sentimental du demandeur).

Le cerveau du radiesthésiste reçoit à la fois des informations faibles de l'objet de la recherche, et des informations puissantes passionnelles (peu objectives par transmission de pensée), du demandeur.

On conçoit donc ici la complexité du problème.

Avant de vous lancer dans la recherche d'un trésor ou d'un objet perdu, il me paraît fort opportun de faire une étude psychologique du demandeur pour dévoiler ses intentions : celles qu'il avoue et celles qu'il cache, afin de contrôler ses affirmations.

En ce cas, la première question à vous poser est : « Faut-il faire cette recherche ? » Car il est évident que votre éthique de radiesthésiste est en jeu chaque fois que vous effectuez une recherche au pendule, et vous ne devez pas prêter votre concours dans le cadre d'actes délictuels.

Vous apprendrez plus loin comment effectuer cette recherche au pendule.

### *V - Gestion des affaires.*

La gestion des affaires est un domaine très vaste allant des placements bancaires ou en bourse, aux expertises de toute nature : objets, tableaux, manuscrits, etc., et jusqu'à l'analyse des capacités intellectuelles et professionnelles des futurs associés, leur degré d'entente commune, etc.

Pour si vaste qu'il soit, le domaine de la gestion des affaires par la radiesthésie reste encore très peu exploré, et pourtant il y a là un secteur extrêmement intéressant quant aux résultats possibles.

Un cabinet de radiesthésie qui se spécialiserait dans ce domaine serait très précieux pour les hommes d'affaires, les industriels, les commerçants ou artisans... et même pour les professions libérales.

L'application de la radiesthésie dans le domaine des affaires suppose bien évidemment, des connaissances en gestion d'entreprise pour pouvoir poser les questions adéquates.

### *VI - Études psychologiques et orientation professionnelle.*

Mieux connaître « l'autre » (ou soi-même), ou mieux connaître les personnes de votre entourage est souvent bien utile pour conduire sa vie ou savoir mieux s'entourer. Il est donc important de découvrir le « profil psychologique » de chacun.

L'orientation scolaire ou professionnelle est l'art de déterminer les aptitudes psychophysiologiques de l'être humain, au seuil de la lutte pour la vie ; il convient donc de déduire de leur analyse l'activité précise dans laquelle les dites aptitudes s'épanouiront le mieux pour la réussite et le bien-être de l'individu dans la société dans laquelle il vit.

Il est bien évident que tout cela exige des qualités intellectuelles et psychologiques (outre les connaissances adéquates) ainsi qu'une bonne culture générale et des notions élémentaires sur les problèmes à résoudre. Mais les résultats obtenus par de telles études faites par radiesthésie sont fort encourageants.

Les exemples les plus courants des demandes formulées auprès des radiesthésistes concernent autant l'orientation scolaire, le recrutement de personnel ou la sélection de candidats admissibles à un poste déterminé.

Si un de vos enfants vous pose des problèmes d'orientation scolaire, vous pourrez facilement résoudre ce problème en sélectionnant les domaines dans lesquels votre enfant réussira le mieux et s'épanouira plus tard ; et cela, grâce à l'utilisation de votre pendule. Parfois ce travail permettra même d'éveiller chez l'enfant un intérêt pour une profession à laquelle il ne pensait même pas consciemment, mais qui était bien inscrite dans son subconscient.

### *VII - La réussite de sa vie.*

Vos succès ou vos échecs pourraient être prévus à l'avance. Comment réussir votre vie avec ceux qui vous entourent ou avec ceux avec qui vous voulez vivre ?

Vos amis sont-ils dignes de votre confiance et de votre affection ? Pouvez-vous compter sur eux ? En toutes circonstances ? Est-ce de l'amitié sincère ou intéressée ?...

Vous aime-t-il (ou elle) vraiment ? Pouvez-vous engager votre vie avec tel ou plutôt tel autre ? Avez-vous ensemble ces fameux « atomes crochus » qui feront la réussite de votre couple ?

Toutes ces interrogations sont des questions fondamentales pour la réussite de votre vie ; et les réponses obtenues par l'intermédiaire de votre pendule vous éviteront beaucoup de déceptions et d'échecs, vous permettront de savoir saisir les réelles opportunités que vous offre le destin.

Rien n'est plus simple en radiesthésie : vous obtenez la réponse à vos préoccupations – et d'une façon très discrète – en apprenant à vous servir de votre pendule grâce aux exercices expliqués en seconde partie de ce volume.

### *VIII - Recherches policières et recherches de personnes disparues.*

Les recherches policières ou celles des personnes disparues sont en radiesthésie une recherche fort complexe où les messages reçus par le cerveau sont essentiellement d'ordre télépathique aussi bien pour le physique que pour le psychisme.

Les informations d'ordre physiologique sont les plus faciles à saisir, n'étant ni perturbées – ni faussées – par la personne disparue ; puisqu'elles restent dans le domaine de l'inconscient.

Il est certain que si la personne recherchée est simplement égarée et si elle a le désir de retrouver les siens, les informations télépathiques sont plus intenses et la recherche est alors plus facile.

S'il s'agit d'une fugue, la personne disparue cherche en ce cas à passer inaperçue aussi bien physiquement que psychiquement.

Les informations télépathiques sont alors bien moins intenses. Elles peuvent même être brouillées par le psychisme du fugueur ; ce qui complique d'autant les recherches du radiesthésiste.

### *IX - La radiesthésie médicale.*

La radiesthésie médicale, c'est très exactement le pendule au service de votre santé. Et cela nécessite bien évidemment de la part de l'officiant des connaissances médicales.

Ici, le rôle du radiesthésiste n'est pas exactement celui d'un thérapeute, mais plutôt celui d'un physicien ; il constatera et détectera les déficiences organiques. Le radiesthésiste sera également capable de mesurer le taux de vitalité de l'être humain en se servant d'un accessoire : « La Règle de Bovis ».

L'homéopathie et la radiesthésie sont liées. L'existence d'un principe énergétique dans les dilutions homéopathiques est confirmée par les moyens de la physique et de la clinique. La radiesthésie servira donc à choisir les remèdes et à contrôler l'efficacité d'un traitement.

Il en est de même au niveau de l'utilisation thérapeutique des plantes médicinales (phytothérapie) ou des huiles essentielles (aromathérapie).

Pour ce dernier exemple, l'aromathérapie possède une puissance énergétique particulière due à la vitalité de chaque plante dont ont été extraites les huiles essentielles : ce sont de véritables « correcteurs vitaux ».

Il convient donc de bien les connaître pour savoir les utiliser à coup sûr, dans votre vie de tous les jours. Cela est possible avec la radiesthésie et va faire l'objet d'exercices pratiques que vous pourrez réaliser vous-même, et dans les meilleures conditions.

Votre alimentation est fondamentale pour votre équilibre et votre santé.

Vous pourrez enfin sélectionner et choisir au pendule vos aliments en fonction des besoins de votre organisme et déterminer votre « propre » diététique.

La radiesthésie se révèle d'un grand secours dans ce domaine alimentaire et, elle seule, est capable d'effectuer rapidement une discrimination véritable entre les aliments sains et les substances nocives et pathogènes que nous ingérons chaque jour.

Par radiesthésie, vous pouvez aussi choisir votre gymnastique, les mouvements qui conviennent à votre corps et à l'amélioration de votre silhouette. Cela vous évitera autant de fatigue que de dépenses inutiles...

Dans votre vie de tous les jours, vous pourrez également choisir avec votre pendule vos vêtements, leur texture et leurs couleurs en fonction de votre état physique et psychique du moment.

Il en sera de même dans le choix des bijoux que vous devrez porter sur vous et dont les pierres ou leur forme peuvent vous être soit bénéfiques soit défavorables.

### *X - La radiesthésie vétérinaire.*

Vous avez vraisemblablement à vos côtés un petit compagnon auquel vous tenez tout particulièrement. Vous pourrez à l'aide de la radiesthésie, déceler les petits maux qui le perturbent et choisir les médications adéquates en attendant de consulter (si nécessaire) le vétérinaire.

De même vous pourrez faire absorber à votre animal favori les aliments qui lui conviennent, et tout cela grâce à l'utilisation de votre pendule.

### *XI - Les recherches en géobiologie.*

La géobiologie est une nouvelle science : celle qui va étudier nos conditions de vie dans nos habitations. Eh oui, notre habitation peut faire notre bonheur ou nous créer une maladie. Je vous engage d'ailleurs vivement à lire sur ce sujet l'ouvrage « Habitat et santé » de Gilbert Altenbach et Boune Legrais, paru aux éditions Cosmitel. Vous comprendrez toute l'importance de cette nouvelle science, ses conséquences sur votre santé et celle de votre maison.

Après une journée de travail, nous éprouvons tous le besoin vital de nous ressourcer en énergie. Notre habitation doit être en mesure de répondre à notre exigence.

Saviez-vous que des médecins, des physiciens et des architectes affirment que trois habitations sur quatre sont responsables de troubles de notre santé, et particulièrement d'insomnie ?

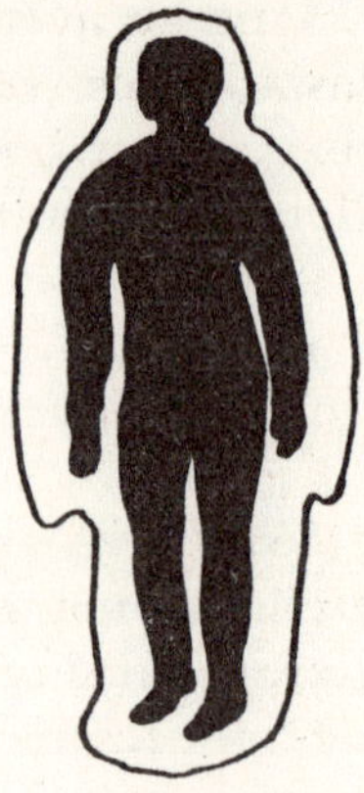

Vous avez peut-être déjà constaté vous-même que dans certaines maisons, vous vous sentez bien, et que vous avez envie d'y rester… alors que dans d'autres vous êtes tendus, stressés, mal à l'aise…

Savez-vous que l'homme n'est pas seulement pourvu d'une enveloppe physique, mais également d'une enveloppe invisible. Des techniques comme la photographie « Kirlian » ou des mesures comme la spectroscopie permettent d'identifier ce corps.

Saviez-vous que ce corps un peu particulier que certains appellent « l'aura » est le champ électromagnétique qui émane de notre corps physique ? C'est ce qui constitue le **corps énergétique**.

Une des plus fantastiques découvertes de la médecine a été de constater qu'une maladie peut être diagnostiquée plusieurs mois à l'avance en effectuant une étude au niveau du **corps énergétique**.

On a donc constaté que ce corps énergétique qui entoure notre corps physique est très sensible aux influences de l'environnement ; et que la qualité vibratoire de cet environnement joue alors un rôle fondamental pour notre santé.

Pour vous c'est une véritable chance que d'apprendre la radiesthésie, car vous allez pouvoir bientôt maîtriser les bienfaits de votre habitation, ou même avec un peu plus d'expérience, détecter les sources d'émission d'ondes nocives au niveau de votre maison... grâce à l'utilisation adéquate de votre pendule.

À titre d'exemple, imaginez que vous voulez faire construire votre maison. Que peut alors vous apporter la radiesthésie ?

***Vous allez avec votre pendule :***

- choisir votre terrain ; c'est-à-dire détecter à son niveau d'éventuels courants telluriques, failles, nappes d'eau souterraines,
- choisir les matériaux ; c'est-à-dire tester ceux qui sont bénéfiques, ou non, à votre santé,
- choisir les revêtements de votre logement ; c'est-à-dire ceux des murs, sols et planchers, plafonds,
- choisir les modes d'isolation,
- choisir les couleurs et les harmonies intérieures,
- choisir l'orientation de vos pièces,
- choisir l'orientation des lits dans chaque chambre (ceci est très important pour la qualité d'un bon sommeil).

Je vous le répète depuis le début de cet ouvrage – et je pense que vous commencez à vous en apercevoir – votre pendule va se révéler progressivement l'indispensable et fidèle compagnon de votre vie de tous les jours.

Comme vous pouvez le constater, la radiesthésie est un très vaste domaine et ne va pas cesser de vous surprendre. Cela va, je crois, vous encourager à aller toujours un peu plus loin dans vos recherches personnelles.

Mais avant de débuter vos premiers exercices de radiesthésie, il nous reste encore un domaine à explorer théoriquement, c'est :

## *La téléradiesthésie*

La téléradiesthésie ? C'est tout simplement des recherches radiesthésiques, mais effectuées à distance ! C'est même sans doute la forme la plus répandue de radiesthésie (mais c'est aussi la plus contestée) car elle permet d'effectuer toutes vos recherches à distance !

Il est important ici de souligner qu'il n'existe à ma connaissance aucune explication formelle scientifique qui ait été donnée sur ce phénomène ; mais les faits sont là…

Le radiesthésiste, après un entraînement bien évidemment, détecte sur plan, sur photographie, sur écriture, sur une mèche de cheveux, etc.

Pour ce qui est du « mécanisme » de la téléradiesthésie opérée à partir d'une photographie, il est compréhensible qu'il s'agit ici d'une transmission vibratoire sur la lumière venant du corps photographié de la plaque sensible de la pellicule. Cette dernière capte (condense en réalité) des vibrations émises par des corps photographiés pour les restituer partiellement, mais avec toutes les caractéristiques vibratoires à chaque épreuve tirée.

Il n'y a donc pas d'opposition à ce qu'une image aussi fidèle que peut l'être une photographie, donne au radiesthésiste des manifestations vibratoires comparables à celles du corps qui a été photographié, ou du terrain ou d'un objet.

La persistance des ondes sur les photographies est telle qu'elle se maintient intacte sur des clichés tirés par milliers d'exemplaires... et même par procédé d'imprimerie ou d'héliogravure ; voire (mieux encore) par télégraphie par fil ou sans fil !

En ce qui concerne une écriture, une mèche de cheveux, on comprendra aisément qu'il existe les mêmes caractéristiques vibratoires rémanentes, attachées à ce qui a été pensé et exécuté par l'esprit du scripteur ou provenant d'une partie d'un corps comme une mèche de cheveux.

Par contre, en ce qui concerne l'étude sur un plan, c'est déjà beaucoup plus abstrait et difficile à admettre !

Les cartésiens outranciers ne manqueront pas d'objecter (non sans raison) qu'il n'existe aucun lien vibratoire entre un dessin et la réalité.

Pourtant, réalisé à l'échelle ou mal dessiné de mémoire, la réalisation d'un plan fait appel à l'esprit créateur de celui qui l'a conçu, construction intellectuelle inscrite dans l'inconscient universel.

Et c'est probablement pour cela que la prospection sur plan est une réalité facilement vérifiable par tout radiesthésiste, même débutant.

**Maintenant je ne vais pas vous faire attendre plus longtemps : vous allez enfin apprendre à vous servir de votre pendule, et cela, dans les nombreux domaines que j'ai évoqués et qui vont vous assurer la maîtrise de cet art qu'est la radiesthésie.**

Deuxième Partie

# EXERCICES PRATIQUES DE RADIESTHÉSIE

## APPRENTISSAGE PROGRESSIF DE LA RADIESTHÉSIE

L'ensemble des exercices que vous allez maintenant pratiquer vont vous permettre de « programmer » littéralement dans votre cerveau le « réflexe radiesthésique » nécessaire pour devenir – sinon un professionnel – du moins un amateur très avisé.

Vous ne devez pas chercher à brûler les étapes en passant tout de suite à la réalisation d'exercices pratiques sans avoir préalablement réussi **tous les exercices préliminaires**.

Il s'agit ici d'un enseignement progressif, et au même titre qu'il convient d'apprendre le piano en faisant des gammes avant de jouer un morceau, ou de connaître parfaitement son clavier avant de taper une lettre à la machine à écrire, vous devez parfaitement bien maîtriser les exercices qui vont suivre.

*I - EXERCICES PRÉLIMINAIRES.*

**a) Les spirales**

1. Vous allez placer votre pendule au-dessus de la figure ci-contre, à environ deux à trois centimètres au-dessus du centre de la spirale, le bras bien détendu et sans contraction particulière.

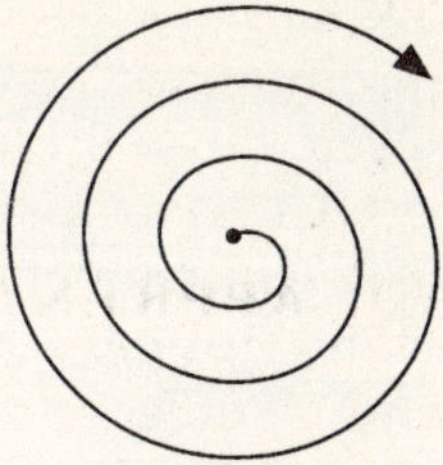

**Figure 1**

***Que se passe-t-il ?***

Votre pendule va suivre dans un mouvement giratoire, le sens de la spirale, et donc en l'occurrence à droite !

***Que s'est-il passé ?***

Vous avez tout simplement placé votre pendule au-dessus d'une figure géométrique émettant une onde de forme particulière, votre subconscient a enregistré cette onde de forme (à votre insu) et votre pendule va tout simplement traduire par un mouvement particulier cette onde de forme.

**Attention : au début vous n'avez peut-être qu'un mouvement de rotation peu ample, c'est normal !**

Mais avec de l'entraînement, en recommençant plusieurs fois (quelques minutes par jour suffisent) vous obtiendrez une plus grande amplitude bientôt parfaitement correcte, ce qui va permettre à votre subconscient d'enregistrer – sans effort – la giration à droite. (Ce qui correspondra peut-être à un sens dans votre convention mentale, mais cela nous le verrons plus loin.)

***Cet exercice est-il bien réussi ?***

- Non ? Ne désespérez pas. Vous n'avez peut-être pas bien fait le vide dans votre cerveau.

Passez donc à une occupation domestique quelconque durant quelques minutes, puis revenez vous asseoir à votre table de travail.

Décontractez-vous et faites le vide dans votre esprit.

Maintenant, recommencez tranquillement cet exercice. Est-il bien réussi cette fois ?

• OUI ? Parfait !

Cet exercice étant réussi, entraînez-vous maintenant (toujours sur la figure 1) à arrêter votre pendule en cours de giration – mentalement, sans bouger la main – simplement en donnant l'ordre à votre pendule de s'arrêter.

**Ce dernier exercice est nécessaire pour apprendre par la suite "à couper le contact" rapidement, avec l'objet de la recherche.**

2. Vous allez procéder maintenant d'une manière identique au-dessus de la figure 2.

***Que se passe-t-il ?***

Votre pendule va girer à gauche, suivant le même processus que l'exercice précédent.

Là encore, recommencez plusieurs fois, jusqu'à ce que vous obteniez une grande amplitude parfaitement correcte.

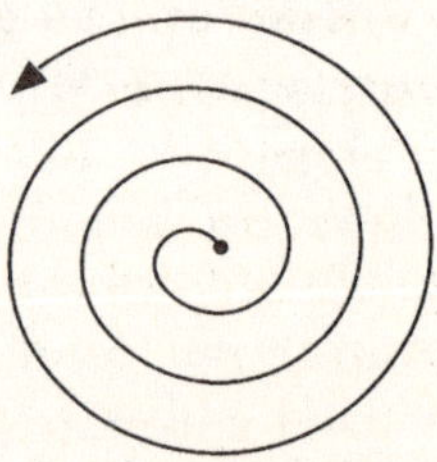

**Figure 2**

Ici également, cet exercice va permettre à votre subconscient d'enregistrer le mouvement de giration à gauche. (Cela correspondra peut-être à l'un des deux mouvements de votre future convention mentale.)

**Entraînez-vous chaque jour, quelques minutes seulement, sur ces deux figures avant de continuer les autres exercices.**

**b) Les deux barres parallèles**

C'est ce qu'on appelle ici le « travail de l'oscillation ».

Placez maintenant votre pendule à deux ou trois centimètres au-dessus des deux barres parallèles de la figure 3 ci-contre, les bras toujours détendus et sans contraction particulière.

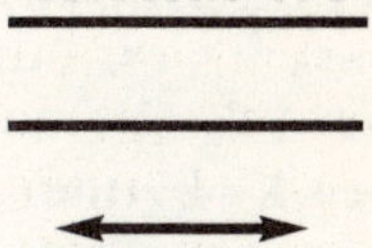

**Figure 3**

***Que se passe-t-il ?***

Votre pendule va prendre un mouvement d'oscillation de gauche à droite (ou de droite à gauche indifféremment).

**Attention : ici par contre, votre pendule ne doit ni girer à droite ni girer à gauche. Si c'est le cas, l'arrêter immédiatement mentalement comme vous l'avez appris précédemment, car votre subconscient ne doit pas enregistrer d'erreur.**

En cet éventuel cas, recommencez l'exercice jusqu'à l'obtention d'une parfaite oscillation horizontale.

Tout est maintenant parfait ? Bravo !

***Que s'est-il passé ?***

Selon le même processus que pour les deux exercices précédents des figures 1 et 2, votre subconscient a désormais enregistré une nouvelle onde de forme (toujours à votre insu) que votre pendule traduit obligatoirement par un nouveau mouvement, particulier à cette autre onde de forme, qui se traduit par un mouvement d'oscillation (qui fera peut-être partie des deux possibilités de votre convention mentale).

**Important : recommencez plusieurs fois cet exercice, sans oublier d'obliger, comme précédemment, votre pendule à s'arrêter quand vous lui en donnez l'ordre.**

**c) La croix**

C'est ce travail qu'on appelle le « séparateur d'ondes » ; il s'agit d'un travail d'oscillations verticales et d'oscillations horizontales.

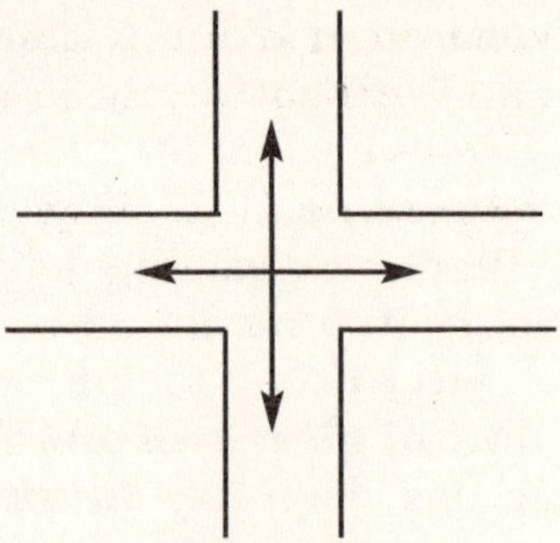

**Figure 4**

Placez donc votre pendule au centre de la croix de la figure 4 ci-contre, toujours à deux ou trois centimètres au-dessus.

Votre pendule va prendre un mouvement d'oscillation soit verticale, soit horizontale ; peu importe le sens de ce premier mouvement. Laissez faire ce mouvement de balancement durant plusieurs secondes et même une minute.

Ensuite arrêtez votre pendule mentalement, et vous le replacez au centre de la figure 4, toujours à deux ou trois centimètres au-dessus, afin qu'il prenne le deuxième sens d'oscillation durant près d'une minute également.

Vous allez de nouveau arrêter votre pendule mentalement, et recommencer plusieurs fois l'exercice afin que les deux oscillations verticale et horizontale soient bien enregistrées par votre cerveau.

**Attention : les mouvements doivent chaque fois être nets et précis ; si ce n'est pas le cas, c'est que vous n'avez pas suffisamment fait le vide dans votre esprit.**

Recommencez donc jusqu'à ce que ces mouvements verticaux et horizontaux soient parfaits.

Quelle est l'utilité pour vous, sur le plan pratique, de l'utilisation du séparateur d'ondes dans votre vie de tous les jours ?

Voyons effectivement l'utilisation pratique du séparateur d'ondes dans la vie de tous les jours – **sans utilisation de la convention mentale**.

**Prenons un exemple :**

Vous avez une bague, mais vous n'êtes pas certain, ne l'ayant pas achetée vous-même, que ce bijou est en or pur ou en vermeil.

Vous allez pouvoir vérifier cela en vous servant de la croix comme séparateur d'ondes et sans convention mentale, car vous avez deux hypothèses de réponse à cette question.

Si vous aviez trois hypothèses de réponse possible (parce que vous hésiteriez avec un troisième métal), vous ne pourriez pas utiliser la croix pour séparer les ondes étant donné les deux seuls sens possibles de cette figure géométrique : horizontal et vertical.

***Comment procéder ?***

Vous allez tout simplement choisir mentalement, en plaçant votre pendule au centre de la figure 4, un sens pour l'or pur (première hypothèse) et l'autre sens pour le vermeil (seconde hypothèse).

Vous laissez votre pendule choisir le sens d'oscillation qui sera par exemple horizontal pour l'or pur, et vertical pour le vermeil, et laissez passer votre pendule d'un mouvement à l'autre pendant quelques minutes, afin que cela soit bien enregistré par votre subconscient. Ensuite, vous prenez dans l'autre main votre bague comme témoin (dans la main gauche si vous êtes droitier, et inversement si vous êtes gaucher), et vous placez votre pendule au centre de la figure 4.

Vous devez alors poser la première question :

« ***Cette bague est-elle en or pur ?*** »

Si OUI, le pendule prendra le mouvement choisi précédemment pour ce métal fin (horizontal par exemple).

Si NON, le pendule restera immobile au centre de la croix.

Vous devez alors poser la deuxième question (contrôle obligatoire) :

« ***Cette bague est-elle en vermeil ?*** »

Si OUI, le pendule prendra le mouvement choisi précédemment pour ce métal (vertical évidemment dans l'exemple cité).

Si NON, le pendule restera immobile au centre de la croix.

**Important : le fait que vous soyez droitier, ou**

**Vous pouvez donc utiliser la croix, dans tous les cas de recherches où vous avez deux hypothèses de choix, en procédant selon la méthodologie que nous venons d'étudier.**

**gaucher, n'a strictement aucune importance et n'aura aucune incidence quant au résultat de votre test. Utilisez donc votre main usuelle pour tenir votre pendule au-dessus des figures testées, à quelques centimètres au-dessus.**

En réalité, la distance importe peu, mais pour plus de facilité, je vous conseille de tenir votre pendule à cinq centimètres au-dessus des éléments de recherche, en règle générale. En revanche, pour avoir « bien en main » votre pendule, vous devez saisir votre cheveu (ou votre fil) entre le pouce et l'index. Pour le reste, il suffit de savoir faire le vide dans son cerveau, de savoir rejeter toutes les pensées qui, pendant que vous effectuez votre recherche radiesthésique, peuvent vous assaillir.

**d) Captation des ondes de forme — sans utilisation d'une convention mentale – mais avec témoin**

Ces exercices radiesthésiques s'effectuent avec des enveloppes et différentes figures géométriques placées à l'intérieur de celles-ci. Pour débuter, commençons l'exercice suivant avec deux enveloppes seulement.

**Important : vous devez toujours choisir des enveloppes parfaitement identiques, sans aucun signe distinctif bien évidemment.**

Prenez des morceaux de papier blanc légèrement plus petits que le format des enveloppes (afin qu'ils puissent entrer très facilement, et sans pliage).

Dessinez sur chaque morceau de papier une figure géométrique de votre choix : cercle sur l'un et carré sur l'autre par exemple, et placez chaque figure dessinée dans une enveloppe différente ; mélangez plusieurs fois vos deux enveloppes afin de ne plus savoir dans quelle enveloppe peut se trouver telle figure géométrique. Placez devant vous vos deux enveloppes, l'une à côté de l'autre ou l'une en dessous de l'autre, peu importe. Mais, comme vous ne possédez pas encore de convention mentale inscrite dans votre subconscient, comment allez-vous procéder pour retrouver l'une des deux figures (le cercle par exemple) dans la bonne enveloppe ?

Vous allez tout simplement prendre une autre feuille de papier blanc, sur laquelle vous allez dessiner un cercle, et vous allez vous servir de ce cercle comme « témoin ».

Placez donc maintenant votre pendule toujours à deux ou trois centimètres au-dessus de votre cercle témoin, et votre pendule va prendre un mouvement (peu importe lequel).

Conservez ce mouvement plusieurs secondes, afin qu'il soit bien enregistré dans votre cerveau, en restant au-dessus du cercle.

Placez ensuite votre pendule au-dessus de la première enveloppe et posez la question :

« ***Y a-t-il un cercle dans cette enveloppe ?*** »

Si OUI, le pendule prendra le mouvement enregistré précédemment sur le témoin.

Si NON, le pendule restera immobile.

Ensuite, placez donc votre pendule sur la seconde enveloppe et posez la question :

« ***Y a-t-il un cercle dans cette enveloppe ?*** »

Si OUI, le pendule prendra le mouvement enregistré précédemment sur le témoin.

Si NON, le pendule restera immobile.

Il est bien évident que vous ne pouvez obtenir qu'un OUI sur l'une des deux enveloppes (toujours la même) et qu'une réponse immobile du pendule sur l'autre enveloppe. Si ce n'est pas le cas et que les réponses se mélangent, c'est que vous n'avez pas correctement fait le vide dans votre esprit avant de commencer cet exercice.

**Important : refaites au moins deux à trois fois cette recherche : vous devez toujours tomber sur les mêmes réponses. Vérifiez ensuite, tout simplement en ouvrant les enveloppes.**

S'il y a une erreur, n'allez pas plus loin, recommencez au contraire tous les exercices précédents et particulièrement les exercices c) et d).

Si vous avez parfaitement réussi ce test, vous allez compliquer les choses en ajoutant une troisième enveloppe, dans laquelle vous aurez introduit une nouvelle figure géométrique : par exemple un rectangle.

**Ne vous découragez pas, et refaites ces exercices plusieurs fois afin que votre cerveau enregistre – petit à petit – les différents éléments de captation (et en outre pour cet exercice : les ondes de forme).**

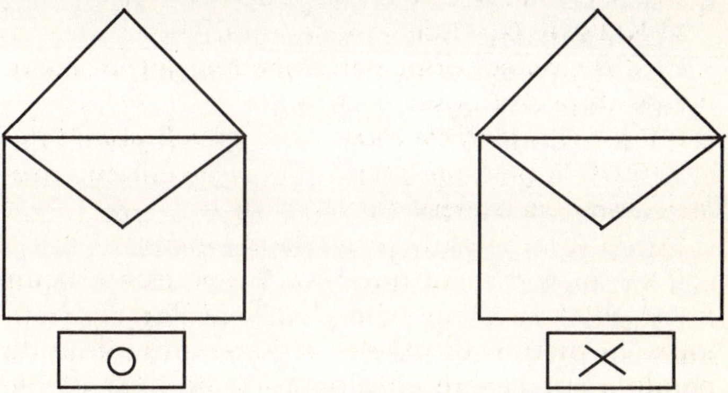

**e) Détermination de la convention mentale de chacun.**

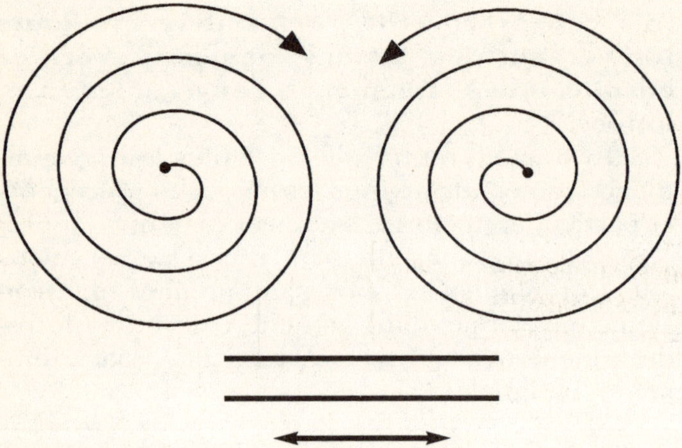

**Méthodologie et explications.**

Certaines personnes choisissent leur convention mentale, sans l'intervention d'exercices, sachant que le pendule ne peut avoir que trois mouvements :

- un mouvement de giration à droite,
- un mouvement de giration à gauche,
- un mouvement d'oscillation.

Il suffit donc de choisir deux mouvements qui vont correspondre pour le premier au sens positif, et pour le second au sens négatif (système binaire), parmi les trois hypothèses énumérées ci-dessus à votre choix, sachant que le pendule ne vous répondra que par « OUI » ou par « NON » uniquement. En ce cas, le troisième mouvement non choisi restera sans utilisation, ni signification.

**N'oubliez pas que votre choix est définitif – sous peine d'erreur – (comme vous avez pu le lire précédemment dans cet ouvrage).**

Vous avez aussi la possibilité de déterminer la convention mentale qui vous convient, par des exercices. Souvenez-vous de votre premier exercice où vous avez positionné votre pendule au-dessus d'une spirale allant dans le sens des aiguilles d'une montre (figure 1), puis ensuite au-dessus d'une seconde spirale allant dans le sens inverse des aiguilles d'une montre (figure 2).

Et enfin, au-dessus de deux barres parallèles horizontales (figure 3).

Vous avez déjà pu constater les possibilités d'utilisation de votre pendule au-dessus de chaque figure géométrique : donc de girations à droite et à gauche, et d'oscillation. Peut-être avez-vous eu quelques difficultés à exécuter un mouvement par rapport à un autre ? Et dans ce cas, celui qui vous a posé quelques difficultés d'exécution ne sera pas choisi dans votre convention mentale ; il convient même de l'exclure. N'oubliez pas que votre convention mentale, une fois choisie, va devenir un réflexe (sans l'intervention de votre pensée). Les deux exercices qui vont suivre sont très simples, et vont vous permettre d'élaborer votre convention mentale.

***1<sup></sup>er Exercice***

Vous prenez deux morceaux de papier blanc, ou séparez une feuille blanche en deux. Sur l'un des morceaux vous inscrivez « OUI » et sur l'autre morceau « NON ». Vous prenez chaque papier l'un après l'autre, et au-dessus de chacun d'eux vous demandez à votre pendule de prendre un mouvement pour le « OUI » au-dessus du premier papier, et ensuite de prendre un mouvement pour le « NON » au-dessus du deuxième papier.

**Et à partir de là, vous devez obtenir un mouvement différent au-dessus de chaque papier. Ces deux mouvements vont concrétiser votre convention mentale.**

| *OUI* | *NON* |
|---|---|

*2e Exercice*

Celui-ci est couramment utilisé. Vous prenez deux morceaux de papier de couleurs différentes, par exemple un rouge et un vert (ou autres couleurs à votre choix). Vous placez votre pendule au-dessus du premier exemple (ici le rouge), et vous posez la question suivante :

« ***Ce papier est-il de couleur rouge ?*** »

En réponse, votre pendule va prendre un mouvement qui va correspondre au « Oui », car votre feuille est rouge.

**Ce mouvement sera donc celui qui va correspondre au "oui" de votre convention mentale.**

Vous prenez ensuite votre feuille de papier vert, et vous positionnez votre pendule au-dessus et vous posez la question suivante :

« ***Ce papier est-il de couleur rouge ?*** »

En réponse, la feuille étant de couleur verte, le pendule va prendre un mouvement différent du précédent pour exprimer le « NON ».

**Ce mouvement sera donc celui qui va correspondre au "non" de votre convention mentale.**

**Dès lors, chacun de ces deux mouvements différenciera pour toujours dans votre convention mentale le "oui" et le "non". Vous ne devez jamais en changer.**

| *PAPIER VERT* | *PAPIER ROUGE* |
| --- | --- |

## *II - EXERCICES PRATIQUES.*

### f) Recherche d'eau avec utilisation de la convention mentale.

### f1. Exercice sur du « connu » (afin de vérifier si votre convention mentale est celle qui vous convient).

***Méthodologie :***

Prendre trois gobelets en plastique non transparents, de couleurs différentes de préférence, cela facilitera votre travail.

L'un des trois gobelets va vous servir de « témoin », vous allez donc y verser de l'eau.

Versez ensuite de l'eau dans un autre des deux gobelets restants. Il vous reste donc un gobelet sans eau. Placez un des gobelets contenant de l'eau un peu à l'écart des deux autres gobelets, que vous placez soit l'un à côté de l'autre, soit l'un au-dessus de l'autre indifféremment (votre recherche se fera soit horizontalement, soit verticalement).

**Important : vous allez procéder de la façon suivante, qui sera celle que vous utiliserez chaque fois que vous ferez une recherche.**

Vous placez d'abord votre pendule au-dessus du gobelet témoin qui contient de l'eau et vous demandez à votre pendule de « prendre contact » avec l'eau.

**Le pendule prendra un mouvement (peu importe lequel) qui correspondra à votre prise de contact avec l'élément de votre recherche.**

Ensuite, vous positionnez votre pendule au-dessus du deuxième gobelet, là où il y a de l'eau. Et vous posez la question :

« ***Y a-t-il de l'eau dans le gobelet ?*** »

En réponse, le pendule doit vous indiquer le « OUI », puisqu'il y a effectivement de l'eau dedans.

**Vous devez donc retrouver le mouvement du pendule qui correspond au positif de votre convention mentale.**

Si ce n'était pas le cas, c'est que votre convention mentale est mal adaptée, étant donné que vous travaillez sur du « connu ». Vous devez alors revenir en arrière et refaire les exercices préliminaires e) indiqués aux pages 80 et 81.

Si vous avez retrouvé correctement le mouvement positif de votre convention mentale, c'est que tout va bien. Placez donc votre pendule au-dessus du troisième gobelet resté vide, et reposez la question :

***« Y a-t-il de l'eau dans ce gobelet ? »***

En réponse le pendule doit vous indiquer bien évidemment le « NON », puisqu'il n'y a rien dans le gobelet.

### *Prise de contact avec le témoin*

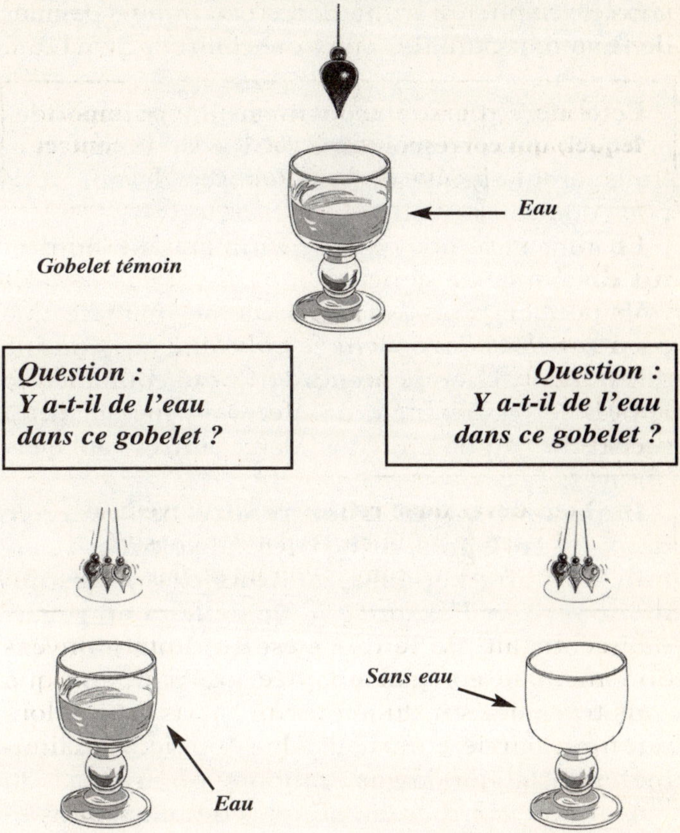


***2e gobelet***
***Réponse : OUI***

***3e gobelet***
***Réponse : NON***

**f2. Refaire le même exercice, mais sur de l'inconnu.**

***Méthodologie :***

Vous allez procéder d'une manière identique à l'exercice précédent, avec la seule différence que vous demanderez à une tierce personne de verser de l'eau dans l'un des deux gobelets concernant la recherche.

Cette tierce personne devra ensuite poser sur les gobelets deux et trois une feuille de papier non transparent, avant de les déposer devant vous pour que vous exécutiez cet exercice.

Le gobelet témoin est évidemment le même, et n'a pas bougé de sa place.

Vous allez procéder de la même manière que pour l'exercice précédent : c'est-à-dire que vous ne devez pas oublier de prendre d'abord contact avec le premier gobelet témoin, avant d'effectuer votre recherche au-dessus des deux autres gobelets obturés.

**Important : vous allez refaire cet exercice deux ou trois fois, afin d'être absolument certain de votre réponse, et vous devez absolument vérifier l'exactitude de celle-ci en regardant vous-même l'intérieur des deux gobelets en enlevant leur papier obturateur.**

Si la réponse est juste : bravo ! Vous allez continuer en ajoutant un troisième (puis un quatrième) gobelet au-dessus toujours obturé par du papier non transparent, afin de compliquer l'exercice.

Si votre réponse est fausse, ne vous découragez pas et recommencez : votre erreur est peut-être due à de l'autosuggestion. Vous avez peut-être essayé de deviner quel gobelet était plein d'eau ?

**Vous n'avez pas suffisamment fait le vide dans votre esprit. Le vide doit être complet dans votre cerveau.**

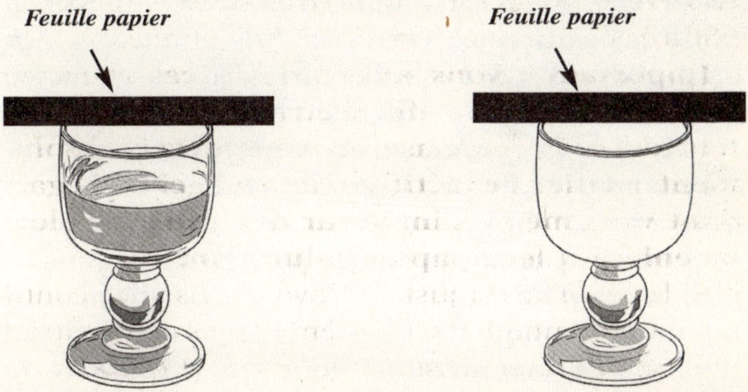


C'est peut-être difficile pour vous, mais ne vous découragez pas, vous y arriverez avec de la ténacité.

### g) Recherche au niveau des formes et de la couleur

Cet exercice s'effectue avec votre convention mentale, avec l'utilisation des cartes à jouer.

***Méthodologie :***

Prenez un jeu de cartes classique de trente-deux cartes et retirez par exemple du jeu, toutes les cartes de « cœur ».

Ensuite, faites deux paquets distincts avec les cartes restantes et posez-les devant vous.

Prélevez ensuite deux cartes de cœur (n'importe lesquelles) : l'une va vous servir de témoin pour la recherche de l'autre qu'une tierce personne va déposer hors de votre présence, sur l'un des deux paquets.

L'exercice consiste à ce que vous la retrouviez.

***Comment devez-vous procéder ?***

Déposez votre carte témoin près de vous sur la table et positionnez votre pendule au-dessus afin de prendre contact avec la carte de cœur, témoin, sans oublier de dire mentalement :

« ***Je prends contact avec la carte de cœur.*** »

Le contact étant pris avec la carte de cœur par un mouvement du pendule en accord avec votre convention mentale personnelle, vous placez ensuite votre pendule au-dessus du premier paquet en posant la question :

« ***Y a-t-il une carte de cœur sur ce paquet de cartes ?*** »

En réponse, le pendule doit vous indiquer l'une des deux réponses possibles : soit « OUI », soit « NON ».

Passez alors au second paquet de cartes en plaçant toujours au-dessus votre pendule et en procédant à la même interrogation qu'à la précédente question :

« ***Y a-t-il une carte de cœur sur ce paquet de cartes ?*** »

En réponse, le pendule doit vous indiquer la réponse inverse à celle que vous avez préalablement enregistrée bien évidemment.

Recommencez l'exercice en reposant la même question plusieurs fois sur chaque paquet de cartes, afin de bien contrôler.

Lorsque vous avez obtenu à chaque fois une réponse identique sur chaque paquet de cartes concerné – c'est-à-dire positive pour l'un et négative pour l'autre (ou inversement) –, et que vous paraissez être sûr de votre diagnostic, il convient de le vérifier en regardant vous-même sur quel paquet se trouve votre carte de cœur.

Si vous avez trouvé la bonne réponse : bravo ! Vous pouvez alors compliquer l'exercice en faisant trois (puis quatre) paquets de cartes au lieu de deux, etc. Vous pouvez également, toujours pour compliquer cet exercice, demander à votre entourage de mettre ensuite des cartes de cœur sur plusieurs paquets, ou au contraire, les supprimer, etc. Vous devez dans tous les cas de figure, trouver chaque fois la (ou les) bonne réponse. Si vous faites un « sans-faute », chaque fois, c'est parfait ! Vous êtes même très doué.

Sinon, recommencez en faisant bien le vide dans votre esprit tout en vous concentrant davantage sur votre recherche ; et vous verrez que bien vite vous y arriverez.

**Recommencez souvent cet exercice, en changeant également votre carte témoin :** prenez le carreau, le trèfle puis le pique (peu importe l'ordre).

L'important est d'arriver à faire tous ces exercices parfaitement, sans erreur.

| |
|---|
| **Vous ne devez pas vous traumatiser si vous ne réussissez pas tout de suite tout cet exercice. Décontractez-vous !** |

***Prise de contact avec le témoin***

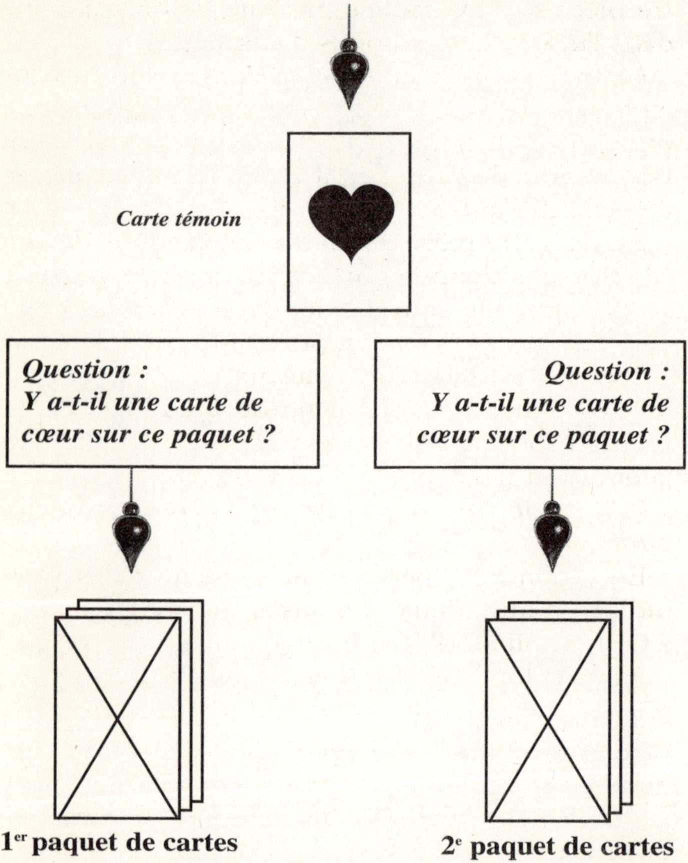

### h) Recherche au niveau des formes et du métal

Cet exercice s'effectue en utilisant des pièces de monnaie et des boîtes d'allumettes.

***Méthodologie :***

Prenez deux pièces de un euro par exemple, et deux boîtes d'allumettes vides. L'une des pièces de monnaie va vous servir de témoin, tandis que l'autre pièce va être cachée par une tierce personne dans l'une des deux boîtes d'allumettes.

Cette tierce personne doit disposer devant vous les deux boîtes absolument identiques (donc impossibles à différencier), soit horizontalement l'une à côté de l'autre, soit verticalement l'une en dessous de l'autre.

Placez votre pièce de un euro « témoin » devant vous et positionnez correctement votre pendule au-dessus d'elle pour prendre contact (vous aviez déjà remarqué votre mouvement de prise de contact : il doit être ici identique).

Placez ensuite votre pendule au-dessus de la première boîte d'allumettes et posez mentalement la question :

« ***Y a-t-il une pièce de un euro dans cette boîte ?*** »

En réponse, le pendule ne peut toujours vous indiquer que deux réponses possibles : soit « OUI », soit « NON ».

Passez alors à la seconde boîte d'allumettes en plaçant toujours au-dessus votre pendule et en procédant à la même interrogation que précédemment :

« ***Y a-t-il une pièce de un euro dans cette boîte ?*** »

En réponse, le pendule doit vous indiquer la réponse évidemment inverse à celle que vous avez préalablement enregistrée.

**Recommencez l'exercice en reposant la même question plusieurs fois sur chaque boîte d'allumettes, afin de contrôler vos réponses.**

Lorsque vous avez obtenu une réponse identique sur chaque boîte concernée, c'est-à-dire positive pour l'une et négative pour l'autre (ou inversement) et que vous paraissez sûr de votre diagnostic, il convient de la vérifier en ouvrant vous-même les boîtes pour voir où se trouve votre pièce de monnaie.

Si vous avez réussi : bravo ! Vous pouvez augmenter la difficulté en refaisant l'exercice avec trois (ou quatre ou même plus) boîtes d'allumettes au lieu de deux.

Là encore vous pouvez également – toujours pour compliquer cet exercice – demander à vos proches de mettre ensuite d'autres pièces de un euro dans plusieurs boîtes, ou au contraire de les supprimer, etc. Là aussi, vous devez toujours trouver la (ou les) bonne réponse. Si vous faites un « sans-faute » chaque fois, c'est parfait ! Vous êtes de plus en plus doué !

Sinon recommencez en faisant bien le vide dans votre cerveau tout en vous concentrant davantage sur votre recherche ; ne désespérez pas, vous allez bien vite y arriver.

**Recommencez souvent cet exercice en changeant également de pièces de monnaie.**
**Vous ne ferez qu'aiguiser un peu plus votre sens de la perception radiesthésique.**

### *Prise de contact avec le témoin*

| | |
|---|---|
| ***Y a-t-il une pièce de 1 € dans cette boîte ?*** | ***Y a-t-il une pièce de 1 € dans cette boîte ?*** |

## i) Recherche d'un objet choisi par l'assistance

Cet exercice fait appel à la « télépathie » ou transmission de pensée.

***Méthodologie :***

Placez sur une table trois objets différents ; par exemple un gobelet, une bouteille et une assiette, mais un peu éloignés les uns des autres. Puis vous faites appel à une autre personne car il faut être au moins deux personnes pour réaliser cet exercice.

Vous et votre « partenaire » vous placez chacun d'un côté de la table, l'un en face de l'autre. Vous prenez votre pendule tandis que votre partenaire va choisir « mentalement » l'un des trois objets posés sur la table et, tout en gardant secret son choix, doit alors concentrer sa pensée sur cet objet suffisamment de temps... jusqu'à ce que vous ayez pu déterminer avec votre pendule quel est cet objet choisi par votre coéquipier.

***Comment allez-vous procéder ?***

Vous posez simplement votre pendule au-dessus de chaque objet en posant chaque fois la question :

***« Cet objet a-t-il été choisi par telle personne en face de moi ? » (Ou par l'assistance par exemple lorsque différentes personnes concentrent leur pensée sur le même objet.) En réponse, le pendule ne peut toujours vous indiquer que deux réponses possibles : soit le « OUI », soit le « NON ». Pour le OUI, le pendule prendra le sens positif de votre convention mentale ; si c'est NON, le pendule prendra le mouvement du sens négatif de votre convention mentale. Si vous avez obtenu d'emblée la réponse positive, vous devez toujours – afin de la vérifier – continuer votre recherche en reposant la même question mentalement et avec votre pendule placé sur chaque objet l'un après l'autre.***

Si, dans l'exemple présent, vous avez obtenu une réponse positive et deux réponses négatives, il y a de grandes chances pour que votre recherche soit correcte ; mais afin d'être parfaitement sûr de ne pas vous être laissé influencé par votre première réponse positive d'où vous auriez pu tirer la conclusion logique des deux autres réponses obligatoirement négatives, je vous conseille vivement de refaire deux ou trois fois cet exercice afin d'être totalement sûr de vous.

**Attention : cet exercice est difficile et il est très possible que vous n'y arriviez pas du premier coup, mais seulement avec une certaine expérience. Mais ce travail va permettre à votre cerveau de capter la pensée d'autrui ; ce qui de toute manière vous sera bénéfique dans votre vie de tous les jours.**

Dans l'hypothèse où vous auriez réussi cet exercice dès les premières expériences, cela signifierait que vous êtes particulièrement doué pour les phénomènes de télépathie ; vous avez donc tout intérêt à travailler et vous exercer dans ce domaine en changeant de « partenaire », et même de compliquer l'exercice en essayant de capter individuellement telle ou telle autre personne d'une assistance plus nombreuse.

**j) Recherche d'un objet disparu, dans la maison, avec « témoin »**

**Exemple :** vous avez perdu votre paire de lunettes dans votre habitation ; et il ne vous reste que leur étui (qui est le meilleur des témoins, ayant été en contact permanent avec l'objet de votre recherche, et donc imprégné de ses ondes).

***Comment allez-vous procéder ?***

***Méthodologie :***

Ici, dans ce cas présent, vous avez deux possibilités :

**1re méthode**

Vous vous installez à votre table de travail, et vous prenez du papier blanc et un crayon. Sur une feuille de papier vous inscrivez les uns en dessous des autres, les noms de toutes les pièces composant votre logement, par exemple :

- cuisine,
- séjour/salon,
- chambre bleue,
- chambre enfants,
- débarras,
- etc.

Ensuite, vous placez (si vous êtes droitier) l'étui à lunettes à votre droite et placez à votre gauche la feuille de papier avec dans votre main gauche le crayon vous ayant servi à dresser la liste descriptive des pièces de votre habitation, dont vous vous servirez pour faire votre recherche. Prenez votre pendule dans la main droite et placez-le à deux ou trois centimètres au-dessus de l'étui à lunettes. Prenez donc contact avec les ondes émises par l'étui **(ne pas oublier surtout)** ; vous arrêtez alors mentalement votre pendule, et vous posez votre première question :

***« Mes lunettes se trouvent-elles dans la cuisine ? », et simultanément vous placez la pointe de votre stylo sur le mot « cuisine » que vous avez précédemment écrit.***

En réponse, le pendule vous répondra par « OUI » ou « NON », à chaque interrogation sur chacune des pièces inscrites sur votre liste. Vous allez donc continuer votre recherche systématique d'une manière identique à la méthodologie précédemment indiquée.

Si vous avez réellement perdu votre paire de lunettes dans votre maison, vous devez obligatoirement obtenir une réponse positive sur l'une des pièces, tandis que sur toutes les autres réponses possibles... elles devront être négatives.

Si vous obtenez deux réponses positives, c'est que quelque chose ne va pas bien dans votre recherche : **vous n'avez pas fait assez le vide dans votre esprit**. Recommencez à nouveau, entièrement l'exercice.

Si vous n'avez obtenu aucune réponse positive, c'est que peut-être vos lunettes ont été perdues ailleurs que dans votre maison ?...

De toute manière, même si vous n'avez obtenu d'emblée qu'une seule réponse positive, vous avez intérêt à la revérifier en recommençant deux ou trois fois cet exercice.

Ensuite, vous allez vérifier « sur place » vous-même, dans la pièce concernée, en gardant toujours le pendule dans la main droite et l'étui-témoin dans la main gauche.

Dans l'hypothèse où vos lunettes ne vous « sautent pas aux yeux » dès que vous entrez dans la pièce, vous allez procéder à une « recherche par élimination », de la façon suivante.

Avec votre témoin (l'étui à lunettes) que vous gardez dans la main gauche, vous positionnez votre pendule devant, ou au-dessus, de chaque meuble en posant la question :

« ***Mes lunettes sont-elles dans ce meuble ?*** »

En réponse, vous obtiendrez une réponse soit positive, soit négative, et qui je l'espère vous permettra une systématique et parfaite localisation de l'objet de votre recherche. Si vous ne trouvez pas tout de suite, ne désespérez pas ; cet exercice n'est pas si facile. Aussi, respirez profondément, décontractez-vous... et allez même dehors prendre l'air et vous régénérer auprès de Dame Nature. Revenez ensuite à votre table de travail et recommencez l'exercice jusqu'à ce que vous le réussissiez parfaitement.

**2e Méthode :**

Vous n'effectuez aucune recherche préalable, et vous passez dans toutes les pièces de votre maison avec dans votre main gauche votre témoin et votre pendule dans la main droite (ou inversement si vous êtes gaucher). Et le pendule à la main, dans chaque pièce, en avançant votre bras tenant le pendule – comme le professeur Tournesol, l'ami de Tintin – vous posez la question de votre choix ; à savoir, soit :

« ***Ai-je égaré mes lunettes dans cette pièce ?*** »

ou

« ***Mes lunettes se trouvent-elles dans cette pièce ?*** »

Si la réponse est négative, vous passez systématiquement aux pièces suivantes, jusqu'au moment où la réponse deviendra positive.

Si la réponse est positive, vous devez procéder comme précédemment indiqué, c'est-à-dire « par élimination » devant ou au-dessus de chaque meuble garnissant la pièce.

**k) Choisir les aliments qui vous conviennent**

À notre époque de modernisme outrancier et de dévitalisation alimentaire par l'emploi des engrais chimiques et des pesticides, nonobstant l'adjonction des conservateurs, antioxydants, édulcorants de synthèse de toutes sortes, la diététique (ou art de se nourrir) devient véritablement une gageure.

Et entre les théories de chacune des écoles diététiciennes, il est bien difficile pour un consommateur – même averti – de s'y retrouver dans tout ce fatras de théories parfois contradictoires.

Aussi, avoir la possibilité de tester pour soi les aliments qui vous conviennent et ceux qui vous sont néfastes, est aujourd'hui une chance inestimable...

D'autant que votre corps n'est pas un monolithe inamovible et peut très bien refuser aujourd'hui, dans un contexte particulier, un aliment qu'il tolérait parfaitement jusqu'ici. Comment le savoir *a priori* avant de le consommer, alors qu'autrement vous ne pouvez le savoir qu'*a posteriori*, c'est-à-dire après sa consommation... et les conséquences de son ingestion malheureuse (éventuellement).

Nous allons prendre à titre d'exemple, l'hypothèse suivante :

***« Recherche des aliments qui vous conviennent parmi ceux que vous avez achetés (avec donc un témoin direct). »***

Vous hésitez entre deux aliments à consommer aujourd'hui, exemple : puis-je consommer des fraises ou des framboises au dessert ? (Car vous vous souvenez parfaitement d'avoir fait l'an dernier une allergie alimentaire à l'un de ces fruits, mais sans vous souvenir exactement lequel de ces deux fruits vous avait été néfaste.)

***Méthodologie :***

Vous vous asseyez devant votre table de cuisine, et vous placez devant vous les fraises dans une assiette à gauche par exemple, et les framboises dans une autre assiette à droite.

Vous placez votre pendule devant vous, et **prenez contact avec vous-même** (vous verrez qu'il n'y a rien de plus simple), en indiquant à votre pendule l'ordre suivant :

***« Contact avec moi-même... » Et le pendule va prendre le mouvement positif de votre convention mentale.***

Arrêtez alors votre pendule mentalement, et placez votre main gauche sur l'une des deux assiettes contenant l'un des deux aliments : par exemple l'assiette de gauche contenant les fraises, **en maintenant le pendule toujours devant vous,** et vous posez la question suivante :

« ***Puis-je consommer aujourd'hui ces fraises ?*** »

En réponse, vous aurez de votre pendule un mouvement du « OUI » ou du « NON » correspondant à votre convention mentale.

Ensuite, vous reprenez contact avec vous-même ; puis arrêtez le pendule mentalement (ceci, afin de couper le contact avec la captation de l'aliment précédent).

Repositionnez votre main gauche au-dessus de la deuxième assiette contenant cette fois des framboises, **le pendule étant toujours placé devant vous,** et vous posez alors votre deuxième question :

« ***Puis-je consommer aujourd'hui ces framboises ?*** »

En réponse, vous aurez de votre pendule un mouvement soit positif, soit négatif, correspondant à votre convention mentale.

À l'issue de ces recherches, vous aurez obtenu les réponses à vos préoccupations du moment, et vous pourrez ainsi – selon le même processus – tester tous vos aliments favorables ou contre-indiqués (pour un moment déterminé). Ce qui ne signifie nullement que les réponses obtenues aujourd'hui seront encore valables demain, bien évidemment.

### 1. Détectez l'origine de vos maux (radiesthésie médicale)

Vous n'avez probablement pas fait d'études médicales et il n'est bien sûr pas question de jouer les médecins autant pour vous-même que pour votre entourage. Il convient seulement ici de pouvoir établir un bilan de santé, connaître vos carences minérales ou vitaminiques par exemple ; en bref, guider votre médecin dans son diagnostic.

L'avantage incomparable de la radiesthésie médicale réside dans le fait de pouvoir détecter des tendances pathologiques avant même que vous puissiez en diagnostiquer l'état clinique réel par des examens médicaux appropriés. Mais l'important ici est de pouvoir vous aider dans vos petits maux quotidiens.

**Attention : avant d'aborder ce type de recherche radiesthésique, il est nécessaire que vous possédiez « à fond » la technique d'utilisation de votre pendule et que vous n'ayez obtenu par votre expérience que des résultats probants dans tous les exercices précédents ; pour une simple et bonne raison que les contrôles radiesthésiques en ce domaine ne peuvent se vérifier qu'à long terme parfois.**

Vous ne pouvez donc, en ce domaine, vous permettre la moindre erreur qui peut être grave de conséquences, tant sur le plan physique que psychique.

**De plus, l'officiant radiesthésique devra posséder, je le répète, des connaissances étendues en anatomie et physiologie humaines.**

Mais en ce qui vous concerne, cela ne vous empêche pas d'effectuer de simples « prédiagnostics », afin d'éviter quelques erreurs journalières alimentaires ou thérapeutiques qui ne tendraient, avec le temps, qu'à amplifier vos maux. Toutefois, avant d'envisager ensemble un exercice complet d'application pratique, il est nécessaire de vous apporter certaines explications quant au fonctionnement de la radiesthésie dans le domaine médical.

Plusieurs théories explicatives sont données à ce sujet :

a) La radiesthésie médicale reposerait sur une sorte de « résonance » qui s'établirait entre l'organisme du malade et le praticien, par « rayonnement sympathique » ; en ce cas, le pendule ne servirait qu'à traduire la « syntonisation » existante avec l'état de santé et à extérioriser l'intuition du radiesthésiste.

**Note : cette thèse n'est pas la plus usuelle.**

b) Pour d'autres radiesthésistes, l'opération est purement mentale ; il n'y a pas de lien, ni de « communion », entre le patient et l'officiant et donc pas de « rayonnement sympathique ». Il n'y a qu'une information intuitive due à une perception venant de plans transcendantaux dégagés de toute contingence matérielle énergétique.

**Note : à l'appui de cette doctrine vient se placer l'exercice de la radiesthésie à distance dans le domaine médical (donc effectuée en l'absence du sujet).**

c) Pour d'autres radiesthésistes, l'opération est purement physique ; l'officiant se borne uniquement à mesurer (et à différencier) des longueurs d'ondes sans aucune intervention mentale ou intuitive de sa part : il ne fait que déceler des phénomènes purement énergétiques.

**Note : cette théorie est un peu restrictive.**

En conclusion, il est difficile de séparer l'acte radiesthésique – l'esprit de l'officiant faisant intervenir son intuition – du lien semi-matériel de perception des rayonnements – de nature physique.

Nous allons passer maintenant à l'étude d'exercices pratiques.

**1er Exercice :**

Vous avez des migraines qui perturbent votre vie quotidienne. Vous vous posez des questions quant à leur origine. Différentes hypothèses se présentent donc ; à savoir, principalement :

- troubles hépatobiliaires,
- troubles hormonaux (pour les femmes),
- troubles nerveux (stress, soucis),
- troubles circulatoires (veineux ou artériels),
- déplacements vertébraux (vertèbres cervicales),
- troubles oculaires (lunettes mal adaptées).

***Comment allez-vous procéder ?***

**Méthode :**

Vous inscrivez sur une feuille de papier blanc, les unes en dessous des autres comme présenté ici, toutes les hypothèses décrites ci-dessus. Placez à votre gauche (si vous êtes droitier ou à l'inverse si vous êtes gaucher) votre liste et prenez dans cette main un crayon qui vous servira à « cibler » votre recherche radiesthésique, trouble par trouble.

De votre main droite, vous prenez contact avec vous-même par l'intermédiaire de votre pendule ; ensuite arrêtez-le mentalement avant de poser votre première question :

***« Mes migraines ont-elles pour origine des troubles hépatobiliaires ? », tout en plaçant simultanément votre pointe de crayon au niveau de cette inscription sur votre liste.***

En réponse, vous obtiendrez comme toujours une réponse soit positive, soit négative ; et vous allez continuer ainsi votre interrogation des différents troubles possibles les uns après les autres, afin d'obtenir la (ou les) réponse juste à votre préoccupation.

Ce qui vous permettra alors de résoudre plus directement et plus facilement votre problème avec votre médecin traitant.

**2e Exercice :**

Vous souffrez de troubles digestifs permanents. Il y a là encore différentes origines possibles : l'estomac, le foie, la vésicule biliaire ou l'intestin dans la plupart des cas.

Ici vous allez utiliser les planches anatomiques pour effectuer votre recherche radiesthésique. Je vous conseille de vous procurer chez votre libraire habituel (ou directement chez l'éditeur), « Atlas d'Anatomie Élémentaire » paru aux Éditions Maloine S.A. (27, rue de l'École de Médecine 75006 Paris).

Vous pouvez également effectuer ces recherches à partir des planches anatomiques de votre dictionnaire Larousse illustré, ou à partir d'un tout autre ouvrage de médecine.

***Comment allez-vous procéder ?***

**Méthode :**

Placez à votre gauche la planche ou reproduction anatomique, puis prenez dans votre main gauche votre crayon afin de pouvoir toujours cibler chaque organe interrogé.

De votre main droite, vous prenez toujours contact avec vous-même par l'intermédiaire de votre pendule ; ensuite, arrêtez-le mentalement avant de poser la première question de votre liste, etc.

**À l'issue de ces deux exemples, vous aurez compris le principe de la recherche médicale par radiesthésie, et vous pourrez ainsi vous exercer pour vous-même, ou pour vos proches.**
**Cela pourra vous être d'un grand secours dès lors que vous vous serez suffisamment exercé... et contrôlé.**

### l-1) Choisir les médications qui vous conviennent (pour vous-même ou pour vos proches)

**Important : à ce stade de recherche radiesthésique, il est intéressant de noter que, contrairement aux études précédentes, vous n'avez pas besoin d'avoir des connaissances particulières en thérapeutique ; mais par contre, il est évident que vous devez parfaitement bien maîtriser votre technique radiesthésique et que, là encore, vous devrez avoir réussi un « sans-faute » dans tous les exercices précédents.**

Pourquoi ici, des connaissances techniques ne vous sont-elles pas nécessaires pour effectuer vos recherches ? Tout simplement parce qu'en maîtrisant seulement votre « outil radiesthésique » votre subconscient « trie » à votre insu les molécules chimiques naturelles des médicaments testés qui sont nécessaires à vos cellules, et celles qui leur sont défavorables. C'est donc dans ce domaine que la radiesthésie apporte sa plus complète et précise contribution, car elle permet de choisir les remèdes qui vont soulager et soigner bien des maux d'une façon sûre et précise.

Sachant que Dame Nature a mis à notre disposition des plantes et des minéraux par exemple, pour rééquilibrer rapidement notre corps, la radiesthésie permet bien vite de trouver le remède naturel qui agira en « syntonisation » avec les cellules de votre organisme (ou avec celles de l'organisme d'un tiers que vous étudiez au pendule).

***Comment procéder pour choisir vos médications ?***

**Méthodes :**

En réalité, pour réaliser cette recherche, il existe deux possibilités dont la première est plus spécialement réservée aux débutants et la seconde aux radiesthésistes déjà plus chevronnés.

**1re méthode : avec utilisation de « trousses » ou de « médicaments-témoins ».**

Certains laboratoires d'homéopathie ou de médications naturelles mettent à la disposition des radiesthésistes des trousses de l'ensemble de leurs médicaments, répertoriés sur un listing numéroté et présentés sous forme de mini-tubes-doses, correspondant à des préparations spécifiques destinées évidemment à traiter des maux particuliers[1].

Hormis ces trousses-tests, chacun des différents médicaments de votre armoire à pharmacie pourra alors vous servir de « témoin » afin de vérifier s'il vous convient ou non (au moment seulement de votre recherche, bien évidemment).

---

(1) De telles trousses existent auprès des laboratoires Lehning. L.H.S.O. ou encore de l'Abbé Chaupitre.

**a) utilisation des trousses**

Vous placez votre trousse-test à votre gauche si vous êtes droitier (et à droite si vous êtes gaucher), et vous prenez d'abord contact avec vous-même, comme dans les exercices précédents.

Sortez ensuite un de ces tubes de la trousse et posez-le devant vous sur la table ; puis prenez contact avec lui par l'intermédiaire de votre pendule. Posez ensuite la question suivante :

« ***Ce remède me convient-il ?*** »

Ou si la recherche est effectuée pour une tierce personne : « Ce remède convient-il à telle personne ? » En réponse, vous obtiendrez comme toujours une réponse soit positive, soit négative. Il vous suffit donc d'explorer de la même manière chacun des tubes de la trousse et vous trouverez ainsi le (ou les) médicament qui vous convient.

**b) Utilisation des « médicaments-témoins »**

Dans le cas où vous désirez seulement vérifier que les médicaments qui vous ont été prescrits par votre médecin conviennent, par rapport à votre cas personnel, vous allez tout simplement remplacer chacun des petits tubes témoins de la trousse par les médicaments réels achetés chez votre pharmacien.

Il vous suffit donc de procéder comme décrit précédemment en tenant dans la main gauche (ou droite) votre boîte, tube ou flacon médicamenteux et de poser chaque fois la même question :

« ***Ce remède me convient-il ?*** »

Vous pourrez donc ainsi départager les médicaments qui vous conviennent de ceux qui seraient sans effet... ou même véritablement contre-indiqués pour vous.

**2e méthode**
**(réservée aux initiés de la radiesthésie).**

Dans cet exercice, aucun témoin matérialisé ne vous est nécessaire ; il vous suffit tout simplement d'établir sur une feuille de papier blanc la liste des médicaments que vous voulez sélectionner (en écrivant chacun d'eux toujours les uns en dessous des autres).

**Dans ce cas, il n'y a pas de captation avec *témoin* de l'objet de la recherche, mais un travail mental plus important et plus difficile.**

Comme précédemment, vous placez votre liste des médications à votre gauche, votre pendule dans la main droite et placé devant vous, si la recherche vous est personnelle. Sinon, le pendule sera placé devant la personne pour qui vous effectuez la recherche. Ensuite, vous prenez contact avec vous-même (ou avec la personne en face – ou à côté de vous) ; puis vous arrêtez mentalement votre pendule.

Posez alors la question suivante, en plaçant simultanément votre doigt (ou une pointe de stylo) sur le premier nom de votre liste :

« ***Ce médicament (ou cette plante, etc.) est-il indiqué pour moi ? (Ou pour telle personne ?)*** »

En réponse, comme d'habitude, vous obtiendrez de votre pendule une réponse soit positive, soit négative. Et il vous suffira de continuer votre recherche systématiquement jusqu'à la fin de la liste et jusqu'à obtention des réponses souhaitées.

### l-2) Rechercher les dosages adéquats

Lorsque vous aurez sélectionné le (ou les) produit qui vous est nécessaire au rétablissement de votre santé, vous devez rechercher le dosage qui vous est approprié ; ce qui constitue une recherche importante puisque cela va conditionner en grande partie la réussite de votre traitement.

Pour cela, il vous suffit de prendre chacune des médications précédemment sélectionnées, les unes après les autres, et de procéder de la façon suivante : prenez tout d'abord contact avec vous-même, puis arrêtez mentalement votre pendule.

Prenez ensuite le contact avec le premier médicament avec votre pendule toujours placé à deux ou trois centimètres au-dessus. Vous posez alors la question suivante :

**1. S'il s'agit de comprimés ou de dragées**

« ***Dois-je prendre, selon les indications thérapeutiques de mon médecin ?*** »

Exemple : 1/2 comprimé par jour ?

ou : 1 comprimé par jour. Etc.

Chaque fois vous posez une nouvelle fois la question, le pendule toujours au-dessus du médicament à tester, jusqu'à obtention d'un mouvement positif selon votre convention mentale, sur la quantité médicamenteuse qu'il est nécessaire d'absorber pour votre organisme (présentement, ce qui veut dire qu'ultérieurement, la posologie peut être modifiée).

**2. S'il s'agit de liquides, sirops, etc.**

Vous procédez d'une manière identique, en modifiant vos questions selon les prescriptions du médecin en demandant le nombre de gouttes, ou de cuillerées à café par exemple, qui vous conviennent.

**m) Choisir vos produits de beauté**

Afin de ne pas dépenser de l'argent inutilement avec des cosmétiques inefficaces ou qui ne conviennent pas à votre type de peau, vous allez pouvoir enfin choisir des produits de beauté qui vous donneront un maximum d'efficacité et de satisfaction… ce que vous pourrez d'ailleurs constater très vite sur votre peau.

Pour effectuer ces recherches, n'hésitez surtout pas à accepter chez votre parfumeur ou esthéticienne tous les échantillons qui vont vous être donnés gratuitement ; car ils vont vous servir bien évidemment de « témoins » pour vos recherches.

***Comment allez-vous procéder ?***

**Méthode :**

Toujours d'une manière identique, vous prenez d'abord contact avec vous-même ; ensuite, le témoin placé à votre gauche, prenez alors contact avec lui et posez ensuite la question :

« ***Ce produit est-il indiqué pour moi ?*** »

En réponse, vous obtiendrez forcément une réponse soit positive, soit négative.

Si la réponse est positive, surveillez bien l'ampleur des mouvements de votre pendule.

**Il est vraisemblable qu'au stade actuel de votre enseignement de la radiesthésie, il est désormais inscrit dans votre subconscient un degré de positivité de vos réponses.**

Dans le cadre d'une telle recherche, il est fort probable que vous obtiendrez plusieurs réponses positives pour divers produits de beauté. C'est donc celui au-dessus duquel votre pendule aura une amplitude plus importante qu'il vous faudra sélectionner.

Il en sera désormais de même pour toutes vos recherches : l'amplitude de votre pendule indiquant le degré plus ou moins important de positivité en réponse à votre question.

**n) Choisir vos couleurs**

Cela va du choix de vos couleurs vestimentaires à celui des papiers et tentures de votre appartement par exemple.

Sur le plan vestimentaire, vous pouvez désormais vous poser la question : « Quelle est la couleur qui m'est favorable aujourd'hui ? »

Grâce au physicien Isaac Newton (1646-1727), nous savons que toutes les couleurs ont une longueur d'onde déterminée, depuis qu'en 1665 il décomposa un rayon solaire à l'aide d'un prisme transparent et prouva ainsi que la lumière est formée de radiations colorées, au nombre de sept couleurs fondamentales et qui apparaissent dans un ordre invariable :

- rouge,
- orange,
- jaune,
- vert,
- bleu,
- indigo,
- violet.

En outre, la science actuelle a découvert l'impact des différents rayonnements colorés sur le fonctionnement physiologique et psychologique de l'être humain ; de là est née une nouvelle médecine : la « chromothérapie ».

Vous pouvez donc, à l'aide de votre pendule, capter chaque longueur d'onde correspondant à chaque couleur différente, en « syntonisation » avec votre organisme à un moment déterminé.

Grâce au choix de la couleur de vos vêtements, vous pourrez être en parfaite harmonie avec vous-même.

***Comment allez-vous procéder ?***

**Méthode :**

Remplissez les rectangles de la page 112 au moyen de crayons de couleur ou de feutres colorés, selon la couleur indiquée en marge de chaque rectangle. Ce schéma va donc vous servir de « témoin » pour vos recherches sur les couleurs.

Placez ensuite vos témoins couleurs à votre gauche ; puis prenez contact avec vous-même à l'aide de votre pendule placé devant vous et tenu dans votre main droite, comme d'habitude.

Arrêtez votre pendule mentalement, et prenez contact avec la première couleur de votre gamme au-dessus de laquelle vous posez la question suivante :

« ***Dois-je porter cette couleur (nommez-la) aujourd'hui ?*** »

En réponse, vous aurez bien évidemment un mouvement du « oui » ou du « non » de votre convention mentale ; et en procédant ainsi de suite, au-dessus de chaque couleur différente avec votre pendule.

Il vous suffit ensuite de choisir dans votre garde-robe les vêtements qui correspondent à la couleur dominante de votre choix.

Rouge
Orange
Jaune
Vert
Bleu
Indigo
Violet

**o) Choisir les bijoux qui vous sont favorables**

Cela va du choix des pierres précieuses à celui des métaux rares, jusqu'au choix des formes.

De tout temps, les humains de quelque ethnie originelle qu'ils soient, se sont toujours parés de bijoux aux métaux rares et pierres précieuses, autant dans un but esthétique que dans un but protecteur ; car les Anciens connaissaient les pouvoirs des gemmes (que nous ne faisons que de découvrir actuellement).

En effet, nous savons maintenant que les minéraux émettent des ondes particulières en fonction de leur composition physico-chimique, de leur motif cristallin et de leur couleur.

Les pierres précieuses représentent ici, bien évidemment, des possibilités vibratoires décuplées par rapport aux simples minéraux.

Vos goûts irraisonnés pour certaines pierres sont vraisemblablement guidés par certaines intuitions, mais ce n'est pas toujours le cas ; apprenez donc à les choisir en fonction des bienfaits qu'elles pourront vous apporter, au moment nécessaire. Il en est de même pour les métaux. À titre d'exemple : vous hésitez entre le port d'une émeraude ou celui d'un rubis ; laquelle de ces deux pierres devez-vous choisir ?

**Attention : il n'est nullement question ici de vous laisser influencer par vos goûts, mais au contraire il convient de faire parfaitement le vide dans votre esprit (comme toujours), car il convient seulement de rechercher laquelle de ces deux pierres vous sera favorable ou bénéfique.**

**Vous devez donc commencer cette recherche avec un esprit neutre, comme si vous effectuiez celle-ci pour une tierce personne.**

***Comment allez-vous procéder ?***

**Méthode :**

Vous placez à votre gauche les deux éléments de votre recherche, l'un à côté de l'autre, c'est-à-dire l'émeraude et le rubis. Vous prenez votre pendule dans la main droite et prenez contact avec vous-même (ou l'inverse si vous êtes gaucher).

De votre main gauche, vous prenez une pierre (l'émeraude par exemple) que vous placez alors sous votre pendule pour la prise de contact. Et vous posez ensuite la question :

« ***Cette émeraude m'est-elle favorable ?*** »

En réponse, vous recevez comme d'habitude un mouvement de votre pendule, soit positif, soit négatif, selon votre convention mentale.

Ensuite, il est préférable pour les débutants de reprendre contact avec soi-même une seconde fois, avant de prendre l'autre pierre de la main gauche (le rubis en l'occurrence), pour la placer sous le pendule afin de poser la seconde question :

« ***Ce rubis m'est-il favorable ?*** »

En réponse, votre pendule répondra affirmativement ou négativement et il vous suffira donc en fonction des réponses obtenues de choisir la gemme qui vous sera le plus favorable.

**p) Choisir votre logement**

Il convient pour vous de vivre dans un milieu où vous vous épanouirez parfaitement, qu'il s'agisse d'une maison individuelle ou d'un appartement. Ce choix n'est pas anodin : en effet, comme expliqué précédemment dans cet ouvrage pages 63 à 64, de votre habitation peut dépendre votre état de santé.

Et même s'il s'agit d'une décision temporairement limitée dans le cas d'une location, autant choisir d'emblée un logement qui vous conviendra parfaitement.

Pour cela, vous pourrez vous permettre en tant que débutant d'effectuer ce que j'appelle un « prédiagnostic » ; c'est-à-dire d'essayer de déterminer sur place, à l'aide de votre pendule, si dans cette habitation il y a des ondes nocives.

**Attention : un diagnostic définitif étant particulièrement difficile à établir, parce que nécessitant plusieurs années de pratique, vous devez faire appel à un radiesthésiste professionnel pour confirmer votre pré-diagnostic (surtout s'il s'agit d'une acquisition immobilière).**

***Comment allez-vous procéder ?***

**Méthode :**

Pour cela il vous faudra vous déplacer et aller détecter sur place les éventuelles ondes nocives qui pourraient ultérieurement perturber le logement de votre choix.

À l'intérieur de chaque habitation, vous passerez systématiquement dans chaque pièce (seul de préférence) et, étant debout au milieu de chaque pièce, le pendule à la main et le bras étendu devant vous, vous prendrez contact avec les ondes de chaque pièce.

Vous posez alors la question suivante :

« ***Y a-t-il des ondes nocives dans cette pièce ?*** »

En réponse, vous aurez toujours un mouvement du pendule indiquant le « OUI » ou le « NON » selon votre convention mentale.

Ne vous laissez pas influencer par l'aspect extérieur de la maison ni par celui de l'intérieur des pièces ou de l'appartement, car ces ondes sont invisibles et très subtiles. Soyez donc particulièrement prudent et vigilant.

Dans le cas où la réponse globale est positive (après un contrôle de l'ensemble de vos réponses correspondant à chacune des pièces testées) il est indispensable que vous fassiez appel à un professionnel. Car ces ondes négatives peuvent avoir plusieurs origines plus ou moins dangereuses. De plus, seul un radiesthésiste professionnel sera en mesure d'étudier les remèdes éventuels à y apporter.

**q) Utilisation du pendule égyptien pour « charger l'eau »**

Comme nous l'avons déjà vu précédemment dans cet ouvrage pages 47 et 48, le pendule égyptien est aussi un émetteur d'ondes ; vous allez donc pouvoir profiter de cette propriété particulière pour « charger l'eau ».

Ce qui en langage clair, veut tout simplement dire « redonner à l'eau toute son énergie originelle » (ce qui est indispensable pour votre santé) ; c'est-à-dire que le pendule égyptien redynamise tous les composants chimiques de celle-ci.

***Comment allez-vous procéder ?***

**Méthode** :

Prenez un verre que vous remplissez d'eau et que vous placez devant vous sur votre table de travail. Prenez dans votre main droite votre pendule que vous placez au-dessus du verre entre trois à cinq centimètres de celui-ci (c'est-à-dire un peu plus haut qu'habituellement).

Mentalement, vous demandez à votre pendule de « charger l'eau » et de s'arrêter lorsque l'opération sera terminée.

Votre pendule égyptien doit alors se mettre à girer et s'arrêter automatiquement au moment voulu.

Note importante : peu importe ici le sens de giration de votre pendule égyptien pour votre opération ; il peut même être différent de votre convention mentale habituelle.

Vous pouvez alors consommer cette eau.

**Attention : dans ce cas, l'eau se « décharge » rapidement et il convient donc que vous la consommiez dans les vingt-quatre heures.**

Troisième Partie

# EXERCICES PRATIQUES DE TÉLÉRADIESTHÉSIE

## LA TÉLÉRADIESTHÉSIE (OU LA RADIESTHÉSIE À DISTANCE)

On entend par téléradiesthésie, les recherches radiesthésiques effectuées à partir de photos, d'écritures, de mèches de cheveux ou d'objets ayant appartenu à la personne (ou à l'animal) faisant l'objet de la recherche.

Chaque fois que vous aurez à effectuer une recherche pour les autres personnes (à moins que vous ne travailliez sur vous-même, mais à partir de votre photographie) et qu'elles ne peuvent pas être présentes pour que vous puissiez travailler en radiesthésie directe, vous allez donc pouvoir opérer en « téléradiesthésie ».

Pour cela, un « témoin » de l'objet de votre recherche sera nécessaire ; soit en utilisant une photo de la personne sur laquelle (ou pour laquelle) vous travaillez, soit en utilisant une mèche de cheveux, ou encore un échantillon d'écriture.

Il est évident que pour un animal, si vous ne possédez pas de photo de lui, un objet lui ayant appartenu tel son collier par exemple, sera un témoin très valable puisqu'il aura été en contact permanent avec lui pendant longtemps.

En ce qui concerne la photographie, le mécanisme du phénomène de captation radiesthésique de ses ondes est une transmission vibratoire de la lumière venant du corps photographié sur la plaque sensible ou sur la pellicule ; cette dernière capte et condense les vibrations émises par les corps, en rendant partiellement des vibrations... mais avec toutes leurs caractéristiques vibratoires, à chaque épreuve tirée.

La photographie permet donc au radiesthésiste de capter ses vibrations de même manière qu'elle capterait le corps qui serait en face de lui. La persistance des ondes sur les photos est telle qu'elle se maintient sur des clichés reproduits à des milliers d'exemplaires, quel que soit le procédé d'imprimerie ou de reproduction... et même en cas de reproduction d'images par câble ou ondes hertziennes. Vous allez donc maintenant pouvoir exécuter une série d'exercices divers, faisant appel à la téléradiesthésie.

### A) Rechercher le sexe d'un animal sur photographie

C'est ici un excellent exercice d'entraînement à la captation des ondes émises par un corps vivant.

***Comment allez-vous procéder ?***
**Méthode :**

Demandez à une tierce personne de votre entourage de placer devant vous la photo d'un animal (chien ou chat par exemple) qui vous est inconnu et dont il est impossible de déterminer le sexe par un simple regard posé sur la photo.

Placez donc votre pendule à deux ou trois centimètres au-dessus de la photographie, et prenez contact avec l'animal ; arrêtez mentalement votre pendule, puis posez la première question :

« ***Cet animal est-il de sexe mâle ?*** »

En réponse, vous obtiendrez un mouvement de votre pendule, soit positif soit négatif, mais vous ne devez pas vous contenter de cette seule réponse ; vous allez vérifier cette première réponse par une seconde question :

« ***Cet animal est-il de sexe femelle ?*** »

En réponse, vous obtiendrez de votre pendule un mouvement obligatoirement inverse de celui observé précédemment, bien évidemment. Mais attention, vous ne devrez pas vous laisser autosuggestionner par la première réponse. Vous devez, pour bien la vérifier, refaire cet exercice deux ou trois fois, en ayant bien soin de faire chaque fois le vide dans votre esprit et de reprendre contact avec l'animal avant de poser à nouveau chaque question. Ceci afin que vous soyez parfaitement sûr de votre diagnostic.

Enfin, n'oubliez pas de contrôler votre réponse auprès de la tierce personne vous ayant confié la photo de son animal favori, en l'interrogeant sur le sexe de celui-ci.

### B) Rechercher le sexe d'un être humain

Pour cette recherche, il y deux exercices que nous allons étudier à partir de photographies retournées, ou à partir d'une simple signature manuscrite (et non reproduite par photographie).

#### b1.) Déterminer le sexe d'un être humain, à partir d'une photographie

***Comment allez-vous procéder ?***

**Méthode :**

Vous allez donc demander à une tierce personne de placer devant vous la photo d'une personne figurant seule, et retournée sur votre table de travail. (Vous allez donc ici, travailler sur de l'inconnu.) Vous placez donc, comme d'habitude, votre pendule au-dessus de la photo retournée, afin de prendre contact avec les ondes émises par la personne photographiée au recto.

Vous arrêtez votre pendule mentalement, et posez ensuite votre première question :

« ***Cette personne est-elle de sexe masculin ?*** »

En réponse, votre pendule vous indiquera par le « OUI » ou le « NON » de votre convention mentale et selon le code binaire désormais solidement établi dans votre esprit.

Comme dans l'exercice précédent, vous allez poser la seconde question, sans oublier de reprendre contact avec les ondes émises par la personne en question :

« ***Cette personne est-elle de sexe féminin ?*** »

Vous devez toujours vérifier vos réponses en recommençant l'exercice deux ou trois fois, puis contrôler une nouvelle fois en retournant la photo testée ; ce qui vous permettra de vous assurer de la justesse de votre diagnostic.

Cet exercice étant parfaitement réussi, vous allez le compliquer en le recommençant avec plusieurs photographies cette fois, toujours placées par une personne de votre entourage, devant vous sur votre table de travail.

Le processus de recherche est le même, bien évidemment.

### b2.) Refaire le même exercice, mais à partir d'une signature

Sachant qu'une simple signature (ou même un paraphe), aussi illisible soit-elle, est imprégnée des ondes de la personne l'ayant scriptée – et cela jusqu'à la fin de sa vie –, vous pourrez alors effectuer toutes les recherches que vous désirez au niveau de cette personne (exactement comme à partir d'une photographie), dans les limites du respect de la vie privée d'autrui, bien évidemment.

***Comment allez-vous procéder ?***
**Méthode :**
Vous demandez toujours à une tierce personne de placer devant vous une signature manuscrite (une photocopie serait à votre niveau encore trop difficile à interroger, et cela est réservé aux professionnels de la radiesthésie), d'une personne qui vous est bien évidemment inconnue. Placez comme toujours votre pendule à deux ou trois centimètres au-dessus de la signature, et prenez contact avec les ondes émises par cette écriture ; arrêtez mentalement votre pendule et comme précédemment, vous posez la première question :

« ***Cette signature a-t-elle été écrite par une personne de sexe masculin ?*** »

En réponse, votre pendule prendra le mouvement positif ou négatif de votre convention mentale habituelle. Vous posez alors votre seconde question (sans oublier de reprendre contact avec les ondes émises par la signature) :

« ***Cette signature a-t-elle été écrite par une personne de sexe féminin ?*** »

En réponse, là encore, vous devrez obtenir une réponse inverse de l'interrogation précédente, mais là aussi, vous ne devrez surtout pas vous laisser autosuggestionner par votre première réponse.

N'oubliez pas non plus de vérifier vos résultats en recommençant deux ou trois fois cet exercice, et lorsque vous serez sûr de votre réponse, il vous suffira de contrôler votre diagnostic en demandant à la personne qui vous a soumis cette signature de vous donner la réponse définitive exacte.

### C) Reconnaître à partir d'une photographie, si la personne est vivante ou décédée

Avant de commencer cette recherche, il vous faut savoir qu'en vertu de ce que vous avez précédemment lu dans cet ouvrage page 22, où l'homme est une antenne vibratoire (émetteur-récepteur) et que cela conditionne le fonctionnement de ses cellules tant qu'il est vivant, le radiesthésiste pourra donc capter les ondes que l'homme émet. Mais lorsque la matière vivante perd cette faculté avec la mort de son corps physique, le radiesthésiste ne peut plus rien capter au niveau physiologique pour une bonne et simple raison que les cellules n'émettent plus rien.

Voyons donc maintenant comment cela se traduit au niveau d'un exercice pratique.

**Méthode :**

Demandez, là encore, à une tierce personne de disposer devant vous deux photographies différentes dont l'une représente une personne toujours vivante et l'autre une personne décédée (et qui vous sont bien sûr inconnues).

Placez donc votre pendule à deux ou trois centimètres au-dessus de la première photo et prenez contact avec les ondes de la personne représentée. Si votre pendule bouge avec votre mouvement habituel de prise de contact selon votre convention mentale, c'est que la personne est bien vivante.

Dans le cas contraire, votre pendule reste immobile puisqu'il n'y a rien à capter : la personne est donc décédée.

**Note : dans cet exercice, il n'y a aucune question à poser, car c'est tout simplement par la simple prise de contact que vous obtiendrez la réponse.**

Procédez donc maintenant d'une manière identique au-dessus de la seconde photographie, et vous obtiendrez la réponse à votre préoccupation. Comme d'habitude, refaites deux ou trois fois cet exercice pour vous assurer de votre diagnostic, et n'oubliez pas de contrôler la justesse de celui-ci, en interrogeant la tierce personne qui vous a soumis les photographies à tester.

**D) Rechercher une personne disparue :**

**Attention : il est important ici de noter que cet exercice n'est pas réservé aux débutants, car il est extrêmement difficile à réaliser pour plusieurs raisons énoncées plus loin.**

Ce type de recherche nécessite entre autres qualités, une expérience indispensable dans ce domaine, et **vous devrez donc le pratiquer souvent, sans vous décourager de vos échecs.**

Bien souvent, ce travail délicat de « recherche à distance » des personnes disparues est confié à des professionnels radiesthésistes spécialisés dans ce domaine ; c'est-à-dire qu'en pratique, ils ne font que cela toute la journée. Par ailleurs, cette recherche pouvant avoir des conséquences graves quant aux résultats obtenus, veuillez pour l'instant ne le faire qu'à titre d'exercice expérimental et ne pas tirer de conclusions hâtives ; vous devrez donc rester toujours circonspect quant aux réponses que vous obtiendrez.

Pourquoi cet exercice est-il particulièrement difficile ?

Cet exercice est particulièrement difficile car il y a deux hypothèses quant à la disparition de la personne recherchée :

1) Il vous faudra d'abord rechercher si cette personne a disparu volontairement ou involontairement (ce qui, ici, est fondamental).

Dans le cas où la disparition de la personne est involontaire (rapt ou accident : par exemple si la personne est tombée dans un endroit d'où elle ne peut se manifester), votre recherche sera beaucoup plus facile, car cette personne ne demande qu'une chose : c'est qu'on la retrouve le plus rapidement possible.

Dans ce cas présent, la personne disparue émet des ondes particulières qu'il vous sera plus aisé de capter, et nous verrons comment procéder plus loin.

2) Dans le cas où la disparition de la personne est volontaire (désir de changer de vie et d'identité le plus souvent), vous allez alors vous heurter à un problème moral : devez-vous, ou ne devez-vous pas, effectuer votre recherche ?

Pourquoi ? Parce que cette recherche est une atteinte à la vie privée d'autrui. Seules des circonstances particulières, selon votre sens moral, vous permettront de répondre à cette question.

Dans le cas où vous voulez poursuivre votre recherche, vous devez savoir que vous allez vous heurter au phénomène suivant : toute personne ayant disparu volontairement émet des ondes d'une puissance telle qu'elles freinent ou

« brouillent » la captation de celles-ci par la radiesthésie.

Et dans ce dernier cas, les risques d'erreurs sont très importants. N'oubliez pas également de rechercher si la personne disparue est toujours vivante ou morte, au moment de votre recherche ; c'est d'ailleurs la première recherche à effectuer.

***Comment allez-vous procéder ?***

**Méthode :**

Pour cela, il vous faut un « témoin » de la personne disparue : photographie, écriture ou mèche de cheveux (un objet lui ayant appartenu rendant ici la recherche encore plus difficile pour les débutants).

Ensuite, il vous faudra une carte de géographie du pays où la personne a été aperçue vivante pour la dernière fois, et également une mappemonde dans le cas où la personne aurait disparu de son territoire.

Il vous faudra donc, dans une telle recherche, procéder par élimination au niveau de nos questions, à savoir :

« ***Cette personne (nommez-la) se trouve-t-elle encore dans sa région habituelle ?*** »

En réponse, vous obtiendrez une réponse binaire positive ou négative.

Si la réponse est « oui », vous devez prendre une carte de la région afin de pouvoir localiser cette personne.

Si la réponse est négative, posez la seconde question indispensable :

« ***Cette personne (nommez-la) a-t-elle quitté le territoire (nommez le pays concerné, exemple : "français" si la recherche est faite en France, etc.*** »

Si la réponse est positive, vous devez étendre votre recherche aux pays limitrophes, etc.

Si la réponse est négative, vous devez étendre votre recherche aux différentes régions françaises (dans notre exemple) ; province par province par exemple, et ensuite département par département concerné formant la province où la personne disparue a été localisée pour la dernière fois.

Lorsque vous aurez découvert le département, procurez-vous la carte de celui-ci et repérez le chef-lieu. À partir de cette ville, à l'aide d'une boussole que vous placez sur cette ville, vous placez les points cardinaux : Nord, Sud, Est et Ouest.

Lorsque vous avez placé ces points sur votre carte, vous rejoignez les points cardinaux entre eux et vous obtiendrez une figure à quatre côtés : votre quadrillage (terme technique utilisé en radiesthésie) est prêt.

À partir de là et de votre témoin, vous chercherez en plaçant votre pendule sur les points cardinaux si la personne disparue se trouve au niveau de ces repères ; ce qui vous permettra de délimiter avec plus de précision une autre ville, qui pourrait être l'endroit où se trouve la personne en question.

Si vous voulez continuer votre recherche, vous devez vous procurer le plan de la ville concernée et de ses environs, et faire la même recherche que précédemment avec un nouveau quadrillage vous permettant de repérer le quartier.

Et ainsi de suite... en vous souhaitant bonne chance et grande patience pour votre recherche.

Si la personne disparue ne se trouve pas en France (elle l'est dans notre exemple), vous cherchez à la localiser à l'aide de votre mappemonde, et lorsque vous avez découvert le nouveau pays, il ne vous reste plus qu'à procéder comme je vous l'ai indiqué, selon la même méthodologie.

**Note : pour effectuer ce travail, les spécialistes utilisent de préférence un "scripto-pendule".**

Un scripto-pendule est tout simplement un pendule muni d'une pointe avec un petit pinceau qu'on trempe dans l'encre, et qui permet de situer plus facilement les points trouvés sur les cartes de géographie ou les plans des lieux concernés.

En conclusion, comme vous pouvez le constater, cet exercice est extrêmement difficile et demande un temps de concentration énorme. De plus, il nécessite que vous ayez à votre disposition des « témoins » ayant appartenu à la personne disparue et vous ne pouvez vous exercer qu'à partir de photographies diffusées dans la presse concernant des personnages connus (exemples : la fille de l'actrice Bernadette Lafon, les otages du Liban, l'animateur de télévision Philippe de Dieuleveut, etc.) et vous constaterez d'ailleurs des résultats bien souvent différents selon les radiesthésistes.

### E) Différents exercices de recherches à partir d'une photographie ou d'une écriture

#### 1. au niveau de la sentimentalité

Votre vie privée est loin de vous combler et vous sentez bien que vous êtes arrivé(e) dans votre couple à un point où vous allez devoir prendre certaines décisions qui pourraient bouleverser votre vie.

Mais avant d'en arriver là, peut-être serait-il intéressant de mieux connaître l'autre et de savoir (enfin) quelle réelle personnalité se cache derrière le compagnon ou la compagne de votre vie. M'aime-t-il (ou m'aime-t-elle) vraiment ?

C'est la question fondamentale qui est la base même de votre couple. Pour avoir la réponse à cette question, il est indispensable que vous ayez à votre disposition la photographie ou l'écriture de celui (ou celle) qui partage votre vie.

**Attention : cet exercice est particulièrement difficile pour vous, car, il est évident qu'en fonction de vos désirs secrets, vous risquez de vous laisser aller à l'autosuggestion. Il va donc falloir que vous fassiez particulièrement bien le vide dans votre esprit ; que vous rejetiez toutes les idées préconçues et que vous vous attendiez à une réponse positive ou négative que vous devrez obligatoirement accepter... même si elle va à l'encontre de vos fameux désirs secrets !**

> **Ne cherchez pas à faire dire à votre pendule ce que vous souhaitez vous entendre dire.**
> **Sachez être neutre !**

C'est effectivement très difficile dans ce cas précis, et ce n'est donc pas par hasard que cette recherche ne se situe que maintenant dans votre « Cours pratique de radiesthésie ».

***Comment allez-vous procéder ?***

**Méthode :**

Placez devant vous, sur votre table de travail, la photo ou l'écriture de l'être aimé ; prenez votre pendule et placez-le toujours à deux ou trois centimètres au-dessus du document vous servant de témoin. Vous prenez contact avec les ondes émises par cette personne par l'intermédiaire de son témoin. Arrêtez mentalement votre pendule et posez alors la question :

« ***(Nommez le prénom)... M'aime-t-il (ou m'aime-t-elle) vraiment ?*** »

En réponse, vous aurez comme toujours un « OUI » ou un « NON » correspondant à votre convention mentale.

Mais attention, dans le cas d'une réponse positive, l'amplitude des mouvements du pendule vous indiquera d'une manière directement proportionnelle l'importance des sentiments de cette personne vis-à-vis de vous.

**Important : refaites l'exercice plusieurs fois, en ayant soin de laisser quelques périodes de « pause » entre chacun d'eux, afin d'être sûr d'être en parfaite possession de vos moyens à chaque interrogation par votre pendule. Vous pourrez alors tirer les conclusions qui s'imposent et prendre des décisions adéquates concernant votre avenir sentimental.**

**2. au niveau de l'amitié**

L'amitié sincère étant un sentiment très profond, comme l'amour, mais de nos jours une denrée d'une exceptionnelle rareté, il serait peut-être important pour vous de connaître les sentiments affectifs réels de ceux que vous considérez comme vos amis. Sont-ils sincères, ou sont-ils guidés par des sentiments d'intérêts que votre présence ou votre fréquentation leur apporte ? Là encore, dans ce domaine, êtes-vous prêt à accepter de découvrir la vérité ? Si oui, vous ne perdez pas votre temps en « passant en revue » au pendule vos amis et amies, les uns après les autres. Pour cela, là encore, une photographie ou une écriture de chacun d'eux vous est nécessaire.

***Comment allez-vous procéder ?***

**Méthode :**

Comme précédemment, placez votre document de recherche devant vous et prenez contact avec les ondes émises par la personne concernée.

Arrêtez mentalement votre pendule et posez la première question suivante :

« ***Cette personne (nommez-la) éprouve-t-elle une amitié sincère à mon égard ?*** »

En réponse, vous aurez le mouvement binaire habituel positif ou négatif, et vous allez devoir passer à la vérification de votre réponse.

Pour ce faire, après avoir repris contact avec l'élément de votre recherche, vous allez poser votre seconde question :

« ***Puis-je compter réellement sur l'amitié sincère de telle personne (nommez-la) en cas de besoin ?*** »

En nouvelle réponse selon votre code habituel, vous ne devez pas oublier que, là aussi, l'amplitude de vos réponses positives ou négatives par le pendule vous renseignera sur le degré des sentiments amicaux que l'on vous porte.

**Attention : dans cet exercice (comme dans le précédent), ce n'est qu'un exemple des questions que vous serez amené à poser en fonction de l'importance de l'étude que vous désirez réaliser sur l'autre.**

**L'important étant (vous l'avez déjà assimilé) de comprendre l'automatisme du processus radiesthésique qui s'opère en vous, à chaque question posée.**

Il vous suffira alors de poser toutes les questions que vous désirerez concernant la psychologie des personnes concernées, pour connaître à fond l'importance réelle de leurs sentiments et dispositions à votre égard.

**3. au niveau de la caractérologie (ou étude du caractère)**

Il vous faut savoir que c'est une des applications les plus faciles de la radiesthésie, car les résultats obtenus à vos interrogations sont nets et probants, dès les premiers essais.

Afin de vérifier cela, entraînez-vous sur des personnes de votre entourage proche que vous connaissez bien… mais sans vous laisser autosuggestionner !… Les résultats obtenus vous permettront de prendre confiance en vous-même et vous passerez ensuite dans le domaine de l'inconnu.

Dès lors, vous vous posez probablement la question de savoir pourquoi cet exercice facile ne vous est-il proposé que maintenant (après des exercices fort difficiles, il faut bien l'avouer) ?… Tout simplement parce qu'il est nécessaire à votre actuel degré d'enseignement, de connaissance et de pratique de la radiesthésie, de « redescendre à un régime plus tranquille » (exactement comme vous changez de vitesse sur votre voiture après un long dépassement)… de manière à ce que tout ce que vous avez appris jusqu'ici se mette bien en place dans votre tête ; afin que tout se structure cérébralement à votre insu, grâce à l'action de votre subconscient. D'ailleurs, après ce nouvel exercice parfaitement réussi, vous verrez que vous réussirez bien mieux les exercices antérieurs où vous pouviez avoir échoué auparavant. Sans doute, les spécialistes en radiesthésie qui possèdent de bonnes notions en psychologie arriveraient plus vite et plus facilement à une maîtrise de la radiesthésie en ce domaine. Il s'agit en fait de « dresser un portrait » et de faire une analyse détaillée de la personne étudiée. Plus les questions seront précises et nombreuses, mieux vous arriverez à cerner le sujet incriminé.

**Important : ici, plus que jamais, il est primordial de pratiquer cette analyse avec un complet détachement (voire même d'indifférence) à l'égard du sujet étudié.**

Pour cela il vous faudra poser méthodiquement des questions dans bien des domaines qui sont les suivants :

a) tendances,
b) tempérament,
c) caractère et moralité,
d) aptitudes.

Ne sombrez pas non plus dans l'exagération. Faites donc, comme toujours, totalement le vide dans votre cerveau, et ne posez qu'une seule question à la fois !

Pour ce travail, vous devrez faire usage de votre pendule habituel, d'un témoin de la personne à analyser (photographie ou écriture), et d'une série complète de « témoins » pour tous les éléments du caractère et des aptitudes humaines. Pour cela, vous allez vous servir de « mots-témoins » inscrits sur une feuille de papier blanc, et bien séparés les uns des autres.

Il est bien évident que vous aurez préalablement à votre recherche, préparé à l'avance cette liste afin de vous retrouver avec l'esprit totalement libre au moment d'effectuer votre interrogation.

De plus, l'établissement d'une telle liste va vous permettre de gagner un temps considérable dans vos interrogations comme vous allez pouvoir le constater bientôt.

### a. « Mots-témoins » à utiliser au niveau des recherches des tendances

intellectuelle, sentimentale, instinctive,
aux aspirations, aux réalisations,
sujet équilibré, sujet déséquilibré.

À partir de cette première analyse, on peut déterminer six sortes de personnes :
intellectuelle/sentimentale,
intellectuelle/instinctive,
sentimentale/intellectuelle,
sentimentale/instinctive,
instinctive/intellectuelle,
instinctive/sentimentale.
Où la prédominance de la tendance citée en premier est fort marquée sur la deuxième citée.

### b. « Mots-témoins » à utiliser au niveau des recherches des tempéraments

La plupart des spécialistes scientifiques dans ce domaine de la psychologie classent les êtres humains selon quatre tempéraments fondamentaux :

- le bilieux,
- le nerveux,
- le sanguin,
- le lymphatique.

Chacun de ces quatre tempéraments possède des caractéristiques particulières, à savoir :

- le bilieux se caractérise par sa volonté, sa rapidité et son rationalisme,
- le nerveux se caractérise par sa vivacité, son imagination et son irritabilité,
- le sanguin se caractérise par son énergie, son optimisme et son emportement,
- le lymphatique se caractérise par son calme, son inertie et sa passivité.

### c. « Mots-témoins » à utiliser au niveau du caractère et de la moralité

Il se peut que le caractère et la moralité puissent être considérés par certains comme étant deux choses fondamentalement différentes ; pourtant on peut dire que le caractère correspond à une façon de se comporter selon sa morale, tandis que la moralité est une manière d'être et de vivre selon son caractère. En fait, il faut bien convenir que la frontière entre ces deux adjectifs est plutôt « à géométrie variable » et parfaitement interdépendante. Aussi, ai-je réuni ensemble ces deux adjectifs en une seule et même rubrique. La liste des « mots-témoins » qui va suivre n'est pas limitative ; dans la pratique, il vous suffira de la compléter de termes nouveaux au fur et à mesure de votre expérience ; mais cette première liste type va vous aider à établir les bases fondamentales de vos recherches radiesthésiques.

Ces listes de « mots-témoins » sont subdivisées en diverses catégories vous permettant de cerner parfaitement le personnage que vous allez devoir étudier avec votre pendule.

#### 1- Comportement général

| | |
|---|---|
| Exubérant | Calme |
| Courageux | Paresseux |
| Dévoué | Intéressé |

| | |
|---|---|
| Sérieux | Changeant |
| Optimiste | Pessimiste |
| Facile | Difficile |
| Sociable | Solitaire |
| Obéissant | Insoumis |

**2- Au niveau de l'humeur**

| | |
|---|---|
| Bonne humeur | Mauvaise humeur |
| Enfantin | Gai |
| Rieur | Rêveur |
| Sombre | Triste |
| Sérieux | Grave |
| Capricieux | Changeant |

**3- Concernant les questions d'argent**

| | |
|---|---|
| Économe | Dispendieux |
| Avare | Généreux |
| Envieux | Fraudeur |
| Voleur | Receleur |
| Exploiteur | Prodigue |

**4- Concernant les affaires**

| | |
|---|---|
| Honnête | Trompeur |
| Sérieux | Léger |
| Pondéré | Diplomate |
| Droit | Actif |

**5- Concernant les sentiments**

| | |
|---|---|
| Fidèle | Infidèle |
| Amoureux | Jaloux |
| Tyrannique | Passionné |
| Inhibé | Enjôleur |
| Dissipé | Violent |
| Psychologue | Délicat |
| Dangereux | Timide |

**6- Concernant autrui**

| | |
|---|---|
| Sympathique | Antipathique |
| Réservé | Faux |
| Agressif | Critiqueur |
| Grossier | Souple |
| Brutal | Doux |
| Franc | Vaniteux |
| Mesquin | Énigmatique |
| Altruiste | Égoïste |
| Aimable | Hypocrite |
| Orgueilleux | Irritable |
| Timide | Indifférent |
| Sincère | Dévoué |
| Rusé | Moqueur |
| Colérique | Belliqueux |

**7- Concernant les épreuves**

| | |
|---|---|
| Patient | Mou |
| Sens du devoir | Combatif |
| Perd la tête | Se laissant aller |
| Démoralisé | Intrépide |

**8- Concernant les vertus morales**

| | |
|---|---|
| Tempérant | Reconnaissant |
| Évolutif | Patriote |
| Repentant | Héroïque |
| Miséricordieux | Charitable |
| Pacifique | Sans vergogne |

### d. « Mots-témoins » à utiliser au niveau des aptitudes

**• Aptitudes particulières**

| | |
|---|---|
| Servir | Surveiller |
| Exécuter | Commander |

| | |
|---|---|
| Classer | Instruire |
| Acheter | Vendre |
| Organiser | Documenter |
| Diriger | Seconder |

- **Aptitudes professionnelles**

| | |
|---|---|
| Apprenti | Manœuvre |
| Ouvrier | Surveillant |
| Technicien | Ingénieur |
| Employé | Secrétaire |
| Chef de service | Commerçant |
| Caissier | Comptable |
| Directeur | Administrateur |
| Vendeur en magasin | Profession libérale |
| Représentant | Inspecteur |
| Chef des ventes | Chef de publicité |
| Organisateur | Coordinateur |

**Note : les frères Servranx ont mis au point un schéma sous forme de « cible » regroupant les facultés humaines que je vous conseille de retrouver dans la lecture de leurs ouvrages et notamment « La lecture du caractère au pendule ».**

***Comment allez-vous procéder ?***

**Méthode :**

À l'aide de ces listes de « mots-témoins », vous allez effectuer vos recherches radiesthésiques de la manière suivante :

Placez votre pendule au-dessus de la photo ou de l'écriture de la personne étudiée, toujours à deux ou trois centimètres de hauteur, et prenez contact avec les ondes émises par celle-ci.

Arrêtez mentalement votre pendule, et commencez à poser vos questions en posant votre doigt ou la pointe d'un crayon sur chaque « mot-témoin » avec votre main gauche si vous êtes droitier (ou l'inverse si vous êtes gaucher).

En réponse, vous obtiendrez pour chacun d'eux une réponse positive ou négative, et annoterez des signes conventionnels « + » ou «- » les réponses obtenues chaque fois avec votre pendule.

En fin d'étude, il ne vous reste qu'à faire le bilan des éléments positifs et négatifs du caractère de la personne testée et bien évidemment à en tirer les conséquences et conclusions qui s'imposent.

### 4. Sélectionner votre personnel

Vous êtes commerçant et vous devez embaucher un (ou une) employé pour vous seconder ; il est bien sûr particulièrement important de faire le bon choix tant au niveau de l'aptitude professionnelle qu'à celui des relations humaines… Car vous allez travailler ensemble durant huit heures par jour au minimum, mais de plus il représentera également votre image de marque auprès de votre clientèle. Cet employé devra également vous remplacer lors de vos éventuelles absences.

Tout cela conditionne de votre part un choix judicieux, et de la part de votre employé des qualités essentielles. Votre étude radiesthésique devra alors être précise, selon un profil que vous vous serez préalablement fixé.

**L'important en ce domaine va être le choix de vos questions. Vous devrez faire une étude minutieuse de vos candidats.**

Cette étude devra porter sur les éléments suivants :

a) au niveau de la moralité,

b) au niveau des relations humaines,

c) au niveau de sa compétence professionnelle,

d) au niveau de la présentation générale et de sa façon de s'exprimer.

Pour cela, vous pouvez utiliser, là encore, certains « mots-témoins » tels que ceux que vous avons précédemment étudiés. Et, en fonction de vos exigences, vous serez amené à créer vous-même vos propres « mots-témoins » dont vous vous servirez lors de l'étude de chacun des candidats.

En procédant de cette façon, vous devez sélectionner le candidat qui conviendra le mieux à vos desiderata. Pour effectuer ce travail, il est nécessaire (voire indispensable) que vous ayez à votre disposition les documents-témoins habituels : photographie du candidat et son curriculum vitae manuscrit, ou s'il est photographié, plus simplement une lettre manuscrite de postulation, à défaut, une simple signature.

L'idéal serait de travailler seulement sur l'écriture, afin de ne pas vous laisser influencer par le physique du candidat rendu par la photographie.

***Pour sélectionner votre candidat, comment allez-vous procéder ?***

**Méthode :**

Vous placez votre pendule au-dessus de l'écriture du candidat et prenez contact avec les ondes émises par celle-ci ; ensuite, comme d'habitude, vous arrêtez votre pendule mentalement, puis vous posez vos questions en prenant soin de vous servir de vos « mots-témoins » avec votre main gauche ou un stylo pour cibler chacun d'eux.

Comme pour l'exercice précédent, notez au fur et à mesure vos réponses au moyen de croix pour les réponses positives et de signes moins pour les réponses négatives. Il vous suffira alors de faire le bilan global de vos réponses positives et négatives en fin d'interrogation pour faire votre choix du candidat retenu.

**5. Rechercher un collaborateur ou un associé (ou la radiesthésie appliquée au domaine des affaires)**

Vous êtes chef d'entreprise et vous désirez augmenter votre capital social en faisant appel à des capitaux extérieurs tout en vous assurant la collaboration d'un futur associé. Il est bien évident qu'à un tel niveau vous pouvez encore moins vous permettre une erreur, puisqu'il en va de la vie même de votre entreprise et que de votre choix dépendra son expansion ou son effondrement.

Là encore, plus que pour un simple employé comme dans l'exemple précédent, les critères de qualités morales, de relations humaines et d'entente avec votre futur associé – outre ses compétences professionnelles – prendront encore plus d'acuité.

Ici, outre les « mots-témoins » déjà vus précédemment, il convient d'y ajouter quelques autres termes spécifiques à votre recherche particulière, à savoir :

| | |
|---|---|
| Honnête | Audacieux |
| Prudent | Ferme |
| Opiniâtre | Mondain |
| Distingué | Peuple |
| Vulgaire | Imaginatif |
| Crédule | Influençable |
| Irréfléchi | Méthodique |

Respectueux de la parole donnée
Irrespectueux de ses engagements...

Vous devez en outre compléter votre recherche par une interrogation spécifique quant à la surface et les capacités financières réelles de votre futur associé.

**Exemple :** « Monsieur (ou madame), (nommez-le) a-t-il (ou a-t-elle) réellement la surface (ou les réserves) financières qu'il (ou qu'elle) prétend ? »

Pour effectuer une telle recherche, vous devez absolument vous procurer un échantillon de son écriture. Ce qui n'est pas toujours si évident à obtenir en ce cas précis (vous n'avez pas de lettre de postulation d'emploi). Heureusement pour vous qu'un simple numéro de téléphone écrit sur un papier ou sur une carte de visite peut vous servir à capter les ondes émises par la personne l'ayant scripté ; en l'occurrence, peut-être votre futur associé.

Vous procédez donc comme toujours en plaçant votre pendule à deux ou trois centimètres au-dessus de l'écriture à tester, et vous prenez contact avec les ondes qu'elle émet.

Vous arrêtez mentalement votre pendule et vous posez donc vos questions préalablement préparées sur une feuille de papier (en posant chaque fois un doigt de la main gauche sur chacune d'elle – ou la pointe d'un stylo).

En réponse, et pour chaque question posée, vous indiquez sur votre liste les réponses de votre pendule, positives ou négatives et vous faites alors le bilan général de votre interrogation à la fin de celle-ci.

Il ne vous reste plus alors qu'à tirer les conclusions qui en découlent.

### 6. Orienter professionnellement vos enfants

Vous avez des enfants qui sont arrivés en fin de scolarité primaire, et d'ici quelques années il leur faudra entrer dans la vie active ; mais vous savez bien que leur orientation professionnelle se joue dès leur entrée en classe de sixième.

Il est donc important de fixer votre choix en fonction – non de vos aspirations parentales – mais de leurs réelles aptitudes intellectuelles et physiques.

N'oubliez surtout pas que toute leur vie professionnelle va se jouer dans les quelques mois qui vont suivre et que votre responsabilité parentale vous interdit ici la moindre erreur.

Une simple interrogation ou dialogue avec vos enfants ne suffira pas à déceler leurs réelles possibilités d'exercer pleinement durant toute une vie, leur métier ; et même les rencontres et discussions avec leurs enseignants ne lèveront jamais tout le mystère dont savent s'entourer les adolescents.

Aussi, pour faire un bon choix concernant l'avenir professionnel de vos enfants, la radiesthésie est le moyen idéal de les aider à choisir une carrière où ils s'épanouiront parfaitement.

Pour faire cette étude, il est bien évident que vous allez – ici encore – vous servir de « mots-témoins » correspondant aux différents goûts et aspirations qui correspondent aux possibilités de vos enfants ; mais en dehors de cela, n'oubliez pas de vous reporter à la rubrique « aptitudes professionnelles » déjà étudiée en caractérologie page 138 du présent ouvrage, où vous trouverez les « mots-témoins » qui vous serviront à effectuer votre première sélection.

Vous devez compléter cette nomenclature avec une seconde liste que vous allez vous-même établir à partir justement des dialogues établis avec vos enfants et les conseils de leurs professeurs.

Vous devez effectuer une étude séparée pour chacun de vos enfants et vous devrez après chacune d'elle prendre un temps de repos afin que la seconde étude ne soit pas de qualité inférieure à la première étude réalisée. Là encore, vous devez absolument vous efforcer de rejeter tout *a priori* ou toute idée préconçue ; vous devez même vous attendre (et accepter) à découvrir peut-être une profession à laquelle vous n'auriez jamais songé pour vos « chères têtes blondes ».

***Comment allez-vous procéder ?***
**Méthode :**
Placez devant vous sur votre table de travail, votre première photo à étudier, sous votre pendule pour la prise habituelle de contact avec les ondes qu'elle émet. Arrêtez mentalement votre pendule, et posez chacune des questions préalablement préparées.

En réponse, votre pendule vous indiquera pour chaque question posée une réponse soit positive, soit négative, qu'il vous suffira de noter chaque fois par les signes conventionnels « + » et «- » comme précédemment étudié. En fin d'interrogation, faites votre bilan des réponses positives traduisant donc les réelles aptitudes de chaque sujet sur lequel vous avez travaillé.

### 7. Recherches en matière d'expertise

Le domaine des expertises est un vaste domaine ; aussi ne vais-je prendre que deux exemples pour illustrer ce type de recherches qui, et ce quelles qu'elles soient, nécessitent toujours la même méthodologie de recherche radiesthésique. Vous désirez donc, par exemple, vérifier l'authenticité d'un document ou d'une signature, ou encore d'un objet d'art. Il est bien évident que cette recherche est particulièrement difficile et ne s'adresse pas aux débutants, mais au contraire aux professionnels chevronnés.

Pour ce type de recherches, il est indispensable d'être impartial et dans ce cas précis, si vous désirez essayer d'effectuer ce travail (car il vous faut bien apprendre un jour), ayez la sagesse de soumettre vos résultats obtenus à d'autres radiesthésistes... et même à des experts professionnels dans leur matière ; il est important de ne pas vous illusionner quant à vos possibilités et de ne pas vous rendre ridicule par la contestation hâtive d'un document quelconque. Mais il vous faut savoir qu'avec de la patience et de l'expérience, cette recherche fort intéressante est tout à fait réalisable par radiesthésie. Car tout document ou signature, objet d'art (même ancien) est imprégné des ondes de celui qui l'a établi ou réalisé.

Pour cela, vous travaillez soit en téléradiesthésie sur les signatures, soit en radiesthésie directe sur les objets d'art eux-mêmes. Vous comprendrez qu'ici, il est encore plus difficile de travailler en téléradiesthésie sur la photographie d'un objet d'art pour en vérifier l'authenticité.

**Note : il est intéressant ici de noter que vous n'avez paradoxalement pas besoin d'avoir des connaissances étendues en archéologie ou en peinture par exemple, pour vérifier l'authenticité de l'objet ou du tableau soumis à votre expertise. En effet, la simple prise de contact avec l'objet d'art, doublée de questions précises, doit vous permettre de vous renseigner sur son authenticité.**

***Comment allez-vous procéder ?***

**Méthode :**

Placez l'objet de votre recherche sous votre pendule, et prenez contact avec lui ; arrêtez mentalement votre pendule et posez alors votre première question :

**Exemple :** « ***Ce tableau a-t-il été exécuté par... (nommer l'artiste présumé) ?*** »

En réponse, vous obtiendrez une réponse positive ou négative conformément à votre habituelle convention mentale ; mais, vous devrez obligatoirement vérifier avec une deuxième question, à savoir :

« ***Ce tableau portant la signature de (nommer l'artiste) est-il une copie ?*** »

En réponse, vous devrez obtenir en toute logique la réponse inverse à celle de la question précédemment posée ; mais là encore, vous ne devez pas vous laisser autosuggestionner et devez toujours faire vos recherches avec un esprit très détaché.

**Note : ici, vous avez été en contact direct avec l'œuvre d'art, objet de votre recherche, et vous n'avez pas eu besoin d'un « témoin » bien évidemment pour effectuer celle-ci.**

Par radiesthésie, il vous est également possible de « dater » (retrouver l'âge) d'une pièce archéologique. Cette recherche peut être faite soit mentalement si vous êtes un radiesthésiste confirmé, ou toujours à l'aide de « mots-témoins » qui, dans ce cas précis, seront des dates présentées sous forme de planches chronologiques.

***Comment allez-vous procéder ?***

**Méthode :**

Placez à votre gauche les planches chronologiques que vous avez préalablement préparées, et l'objet d'art testé à votre droite. Placez votre pendule à deux ou trois centimètres au-dessus de celui-ci et prenez contact avec lui. Après avoir arrêté mentalement votre pendule, à l'aide d'un crayon placé dans la main gauche, vous allez passer en revue les différentes dates possibles en « ciblant » sur chacune d'elles en interrogeant simultanément votre pendule par la question :

« ***Cet objet d'art date-t-il de... (citez la date) ?*** »

En réponse, vous obtiendrez une réponse positive ou négative habituelle ; mais là encore, l'amplitude de votre pendule vous sera nécessaire pour vous permettre d'évaluer si vous vous approchez ou non de la période évoquée.

### 8. Choisir ses placements d'argent

Vous avez à votre disposition quelques économies à placer et vous hésitez bien évidemment quant à votre choix pour immobiliser vos capitaux si durement gagnés. Votre banque vous propose ses services et vous avez à votre disposition une presse spécialisée prête à vous renseigner et vous offrir diverses possibilités de rendement financier de votre argent.

Dans ce cas la radiesthésie va vous être d'un grand secours ; mais attention, ici, vous allez travailler sur des éléments présents conditionnés par l'avenir.

Vous devrez donc toujours avoir à l'esprit que vous travaillez sur du « court terme », et que la fructification de vos capitaux par radiesthésie ne peut pas dépasser une projection au-delà de six mois à un an au maximum. Au-delà, les risques d'erreur sont multipliés ; il est donc plus sage de refaire très souvent vos études radiesthésiques en ce domaine et de surveiller très régulièrement vos placements financiers.

**Il s'agit donc là de l'utilisation de la radiesthésie pour une projection dans le temps, pour la réalisation de ces placements.**

Il est logique que certains placements actuellement fructueux puissent ultérieurement donner des résultats médiocres, tandis qu'à l'inverse certains autres placements évolueront d'une manière plus favorable.

Tout cela étant lié à l'économie mondiale du fait des interférences entre les diverses monnaies et sociétés multinationales. Pour cela, vous pourrez travailler soit directement en prenant contact avec vous-même, soit sur une photographie en téléradiesthésie. Vous aurez toujours comme « témoin » vos différentes possibilités de placement prises à partir de revues spécialisées [1], soit en « mots-témoins » que vous aurez écrits sur une feuille de papier blanc et que vous aurez conçus vous-même. Le processus de recherche est absolument identique aux exercices précédemment étudiés ; il vous faudra simplement préciser dans vos questions la notion du temps, à savoir :

**Exemple :** « ***Ce placement est-il le meilleur placement pour moi à court terme ?*** »

En réponse, vous aurez une réponse binaire positive ou négative comme à l'habitude ; mais ici encore, l'amplitude de votre pendule décrivant ses mouvements vous sera très utile pour connaître l'intensité de la réponse : le pendule vous indiquera le degré de rentabilité des divers placements possibles.

---

(1) *Mieux vivre votre argent*, Business Bourse, etc.

**Attention : un placement apparemment rentable peut (comme un train) en cacher un autre bien meilleur !!!**

**9. Choisir les dates favorables**

Divers événements vont ponctuer votre vie affective ou votre vie professionnelle : votre mariage, une acquisition immobilière, un transfert de siège social, etc.

Aussi étrange que cela puisse vous paraître, un événement de votre vie pourra avoir une issue heureuse et bénéfique, ou malheureuse et maléfique en fonction de la date où cet événement se sera produit.

D'ailleurs une « science » s'occupe de ces études, c'est la « Numérologie » (ou étude des Nombres) qui vous éclairera sur la signification de chaque chiffre.

En effet, chaque chiffre est « chargé » magnétiquement d'une force particulière et son assemblage pour réaliser les nombres engendrera des ondes favorables ou défavorables aux événements que vous projetez d'organiser.

**La Numérologie, dès lors, pourra vous servir de moyen de contrôle à vos études radiesthésiques.**

La Numérologie présente également des implications dans votre vie de tous les jours et permet de donner des orientations selon une science millénaire où, là aussi, des vibrations particulières sont attachées aux lettres et aux chiffres qui composent nos noms et nos prénoms.

Et qui dit vibrations particulières, dit aussi ondes à capter par un radiesthésiste… C'est pourquoi dans certains exercices ou recherches radiesthésiques, je vous fais nommer la personne dans les questions que vous posez.

Ici, pour l'étude de dates favorables aux événements de votre vie que vous pouvez programmer, la radiesthésie captera vos ondes et celles des partenaires avec lesquels vous partagez ces événements, et peut dès lors vous indiquer l'issue pour chacun de vous.

***Comment allez-vous procéder ?***

**Méthode :**

Vous utiliserez pour cela votre pendule habituel, ainsi qu'un calendrier et vous procéderez par « élimination ». Ainsi, vous allez déterminer le mois le plus favorable, puis la semaine et enfin le jour. C'est donc un travail rationnel auquel vous allez devoir vous livrer, et qui va se composer de trois recherches différentes avant d'obtenir la réponse définitive.

**• 1er temps : recherche du mois**

Pour cela, vous pouvez travailler directement sur vous, en prenant contact avec vous-même ou en œuvrant en « téléradiesthésie » en prenant votre photographie. Vous placez votre pendule de manière à prendre contact avec vous et, à votre main gauche, vous placez votre calendrier annuel (type P et T).

Vous posez alors la première question :

**Exemple :** « ***Le mois de janvier (nommer l'année) m'est-il favorable pour tel... (nommer l'événement) ?*** »

En réponse, vous aurez une première indication positive ou négative selon votre code binaire désormais très solidement établi... et vous passez ainsi en revue les douze mois de l'année, selon la même formulation... tout en observant bien votre pendule et l'amplitude du mouvement qu'il imprime. En effet, dans cet exercice-ci, vous ne devez pas arrêter votre interrogation au pendule à la première réponse positive, car plusieurs périodes peuvent vous être plus ou moins favorables dans le courant de l'année étudiée, mais avec une nette prédominance pour l'une d'elles : celle qui aura démontré la plus grande amplitude pendulaire.

**• 2<sup>e</sup> temps : recherche de la semaine**

Votre mois étant arrêté, vous allez procéder de la même manière pour le choix de la semaine en recherchant celle qui sera la plus favorable selon l'amplitude de votre pendule. Ensuite vous passez au 3e temps : la recherche du jour dans la semaine choisie. Si vous désirez affiner plus particulièrement votre recherche, vous pouvez même pousser vos interrogations jusqu'à cibler l'heure de l'événement escompté.

### F) Autres utilisations possibles de la radiesthésie (mais avec des résultats plus aléatoires).

• Le domaine des jeux et des courses

Rechercher les numéros du « Loto National » qui sortiront au prochain tirage, qui est un calcul mathématique relevant des probabilités, semble ici, tenir de la gageure… ou de l'escroquerie !

En réalité, le problème se situe ailleurs et touche à la divination ; les recherches radiesthésiques en ce domaine s'effectuent sur les ondes émises par la personnalité du joueur et non sur des ondes émises par les chiffres… C'est ce qui explique qu'en ce domaine, les résultats sont on ne peut plus aléatoires, sinon réellement décevants. Mais si ce type de recherche radiesthésique vous amuse (ou vous passionne), pourquoi ne pas essayer ?

***Comment allez-vous procéder ?***

**Méthode :**

Vous allez tout simplement procéder de la même manière que dans l'exercice précédent, et en posant la question suivante :

« ***Dois-je jouer le chiffre... (nommez-le) pour gagner au tirage du Loto du... (nommer la date du tirage) ?*** »

Vous avez donc pour chaque jeu, quarante-neuf interrogations à réaliser et je vous conseille de vous reposer dès que vous ressentez quelques signes de fatigue. En outre, n'oubliez pas de reprendre contact avec vous-même entre chaque interrogation numérique.

C'est très important. Ne soyez pas étonné si vous n'obtenez, ici, aucune réponse ; c'est-à-dire si le pendule reste immobile, cela signifie tout simplement que vos pouvoirs de divination sont inexistants. Ce qui ne vous empêchera nullement d'être un excellent radiesthésiste.

Mon conseil :

En ce cas précis, jouez pour le plaisir, et laissez la chance faire ; elle sera peut-être un jour au rendez-vous !

En ce qui concerne le « Tiercé », le « Quarté » et jeux de courses en règle générale, là encore, la radiesthésie ne sera pas efficace ; elle pourra tout simplement vous aider à déterminer si les jockeys et les chevaux sont, le jour de la course, au meilleur de leur condition physique.

Et pour cela, il est indispensable que vous vous soyez préalablement constitué une photothèque de tous les jockeys et de tous les chevaux qui seront en course dans l'épreuve hippique où vous allez devoir effectuer votre recherche.

Malheureusement, dans ce domaine particulier, il existe des impondérables de dernière minute que vous ne pouvez pas prévoir avec votre pendule (en principe) : météorologie, chutes accidentelles, et même jusqu'aux combines sordides du "milieu" (autre que celui des courses) qui font que certains chevaux seront retenus par leur jockey (et l'ordre ne leur est donné qu'au moment du départ)... et donc impossible à capter en radiesthésie au moment de la recherche effectuée par le parieur. Dans ce cas encore, je vous conseille de laisser libre cours à votre fantaisie... et place au hasard (si tant est que le hasard existe !... mais c'est un autre débat).

# Conclusion

Afin d'éviter des comparaisons regrettables avec certaines disciplines relevant de l'occultisme, et reposant donc sur des bases tout à fait différentes de la radiesthésie, contentez-vous d'utiliser celle-ci pour rechercher ce qui est caché, mais dont l'existence est réelle.

N'oubliez pas que la vocation de la radiesthésie n'est pas celle de la voyance.

Évitez les interprétations aléatoires d'inspiration mystique ou fantasmagorique. Nous ne sommes plus à l'époque du Moyen Âge, mais à une époque de rationalité et de modernité.

En respectant ces quelques principes, vous devez – grâce aux divers exercices que vous avez réalisés tout au long de ce cours complet de radiesthésie, véritablement à la portée de tous – devenir sinon un professionnel, tout au moins un excellent radiesthésiste amateur (et même confirmé).

***Comme vous avez pu le constater***

La radiesthésie est un art qui s'étudie comme une science, car elle nécessite l'application d'une méthodologie technique qui ne souffre aucune fantaisie !

Bien maîtrisée, la radiesthésie vous permet d'obtenir instantanément et avec une précision absolue, la réponse à toutes les questions que vous pouvez vous poser sur votre passé, votre présent et votre avenir. Je sais que cela paraît incroyable, je sais que cela paraît complètement irrationnel pour ceux qui n'ont pas étudié et expérimenté le phénomène radiesthésique. Et pourtant, vous l'avez constaté vous-même au cours de votre apprentissage de cet art et de cette technique, les résultats sont là, précis, fiables et immédiatement utilisables. Il va de soi qu'au point où vous êtes maintenant arrivé dans votre apprentissage de la radiesthésie, chacun de vous – en fonction de ses aptitudes, de son travail, de ses aspirations – va souhaiter s'orienter, puis se spécialiser, dans telle branche de la radiesthésie ou dans tel type de recherches spécifiques.

Des cours de spécialisation, dans la branche de votre choix, pourront vous être dispensés et si vous le souhaitez, vous pourrez aussi participer à des stages pratiques de radiesthésie que je donne régulièrement dans le midi de la France.

N'hésitez donc pas à m'écrire chez mon éditeur qui me transmettra votre correspondance, pour toute question ou conseil particulier que vous souhaiteriez me poser.

Je termine en y ajoutant tous mes vœux de pleine réussite et vous félicite pour les efforts que vous avez déjà fournis.

# Table des matières

8357

Composition Emma Publishing
Achevé d'imprimer en France (Malesherbes)
par Maury-Imprimeur le 20 janvier 2009.
Dépôt légal janvier 2009. EAN 9782290003305
1er dépôt légal dans la collection : mai 2007

Éditions J'ai lu
87, quai Panhard-et-Levassor, 75013 Paris
*Diffusion France et étranger : Flammarion*